「社会人教授」の大学論

宮武久佳

青土社

はじめに

「大学はゾンビか」と言われます。

かつて大学は「大学」として機能していたが、今やその内容は大きく損なわれ、外形をかろうじて留めているに過ぎない。中身は問われないが、ブランドとインスタ映《ば》えする外見《そとみ》に支えられ、死にそうで死なない――。

*

「ゾンビはやっつけなければならない」。だから、大学は叩かれます。

「世界ランキングが下がっている」「画期的な研究がない」「論文の本数が減った」「研究不正が増えた」「役に立つことを教えていない」「そもそも学生は勉強していない」「教員は世間知らずだ」など、大学への批判が増えました。

大学のダメっぷりを説いた書籍も多くあります。『大学大崩壊』『大学大倒産時代』『大学改革の迷走』『異見交論――崖っぷちの大学を語る』『日本の大学、崩壊か大再編か』『笑うに笑えない大学の惨状』『就職力で見抜く 沈む大学伸びる大学』『地方大学再生 生き残る大学の条件』『「大学改革」という病』などなど。いずれも過去数年の間に出版されました。

極めつけは、『大学はもう死んでいる?』です。二〇二〇年一月に出版され、ベストセラーになりました。死んだのか、死んでいないのか。オックスフォード大学と東京大学の二人の著名な日本人学者による対論《たいろん》です。『学長リーダーシップの条件』という、大学の蘇生(?)を論じた本もその一か月前に出ています。

主要ビジネス誌はそれぞれ、年に一度は必ず、「これでいいのか、大学」という趣旨の特集を組みます。景気低迷や、国力低下の犯人探しをするときに、大学は「容疑者」になりやすいのでしょうか。

かつて大学生だった人は多いし、今や日本の一八歳の六〇%前後が大学に進学するのだから、大学ネタは売れます。なので「日本の衰退」「若手社員は使えない」が議論になるときに、一体「大学は何をしているのか」「大学は人材を育てたのか」と大学に批判の矛先が向かうのでしょう。

*

これらに対して大学からのうまい反論はありませんせん。難題を突きつけられているようです。まず、「大学はどうなっているのか」と責められても、大学の事情はそれぞれ異なるから、個々の大学が一般論に対処することは不可能です。日本には七〇〇以上の大学があります。総合大学、文系、理系、医科歯科系、福祉系など、それぞれ設立の理念も経緯も違うし、学部や学科構成を見ても二つとして同じ大学はありません。

次に、多くの大学教員は、大学への批判を受け止めた上で、大学だけを槍玉にあげて論じることは不当ではないかと思っています。問題は大学以外にもあるのです。「予算が潤沢でなければ基礎研究はできない」「学生の質が低いのは、高校までの教育に問題がある」「若い人がモノを知らないのは家庭教育が悪いから」「就職活動で学生はうわのそらだ。企業が大学教育を台無しにしている」。多くの大学教員は内心、そのように考えています。

さらに、大学の人たちは批判されることに弱いです。「うまく言い返せない」「どのように反論してよいか分からない」と立ち尽くしているように思います。あるいは叩かれすぎるあまり、「多勢に無勢」の気がして「くちびる寒し」となっているようにもみえます。外部に助けてくれる友人や組織もいない。いじめにかかるメディアとのうまいチャンネルを持たないまま、効果的な反論ができないというのが実情かもしれません。

何か解決の糸口はないでしょうか。もしかして、私のような、大学の中で「純粋培養」で育ったわけではない人間は、しがらみが希薄な分、この難題にチャレンジできるかもしれません。解を探りたい衝動に駆られました。本当に「大学はゾンビ」なのかどうか、アタックしてみたくなりました。

＊

私は報道専門の企業に二五年勤めた後、大学教員に転籍して一〇年以上が経ちました。人よりたくさん大学に行き、仕事をしながら非常勤講師の経験もあったので、大学のことは、ある程度知っているつもりでした。けれど、いざ大学教員という職業に就き、大学の扉が開いてその中に入ると、そこは「異文化世界」でした。大学は企業社会とはずいぶん勝手が違います。

大学はフラットな組織機構です。六〇代の教授も三〇歳前後の専任講師も基本的には対等な立場です。企業社会のような上意下達の世界ではありません。お互いを「センセ」と呼び合う特殊な世界です。

とはいえ、私も教員としての生業《なりわい》を得て、大学の中で呼吸し、同じ釜の飯を食う仲間と意思疎通しているうちにだんだんと分かってきました。つまり、「大学の問題」はその実「社会の問題」である場合が多い、ということがです。

大学のダメな点、イケてないところ、瑕疵《かし》、改善すべき点など、大学としての固有の問題があるのは認めざるを得ません。しかし、「大学の問題」と思われたものの多くが「日本社会のしくみ」に起因していることも事実です。
実は、「大学はこのままではいけない」という警告は、大学内部からもたくさん出されていました。けれど、それが到達すべき「外の」人にうまく届いていないようなのです。
本書は、かつて会社勤めしていた人間が、大学という「異文化世界」にやってきた時に見える風景と課題について述べ、提言をする構成になっています。大学を外と内の両方から見た社会人教授で元ジャーナリストの現場報告として読んでいただければ幸いです。

＊

本書の概要は以下のとおりです。

《序　章　社会人が大学教授になる》
ジャーナリストがどうして大学教授になったのか、その経緯や、私と大学との関係について述べます。「美学」の学生（大学院生）が就職し、二五年間報道機関で働き、国立大学の教授になった経緯も盛り込みます。

《第1章　社会人が大学で学び直す》
学部から大学院へ進学して経験した米国留学のこと、共同通信社に在籍中にハーバード大学に移り住んで一年間世界中の記者仲間と暮らしたこと、一橋大学の社会人大学院（夜間）に通ったことなど、「社会人の学び（リカレント教育）」についての体験も述べます。

《第2章　大学という「業界」》

社会人が大学に転籍して初めて知る大学の中は、過去二〇年ほどの間に大きく様変わりしていました。「大学業界」はやはり、会社にいた人間からすれば異文化世界でした。

《第3章　志願者を増やせ》

過去三〇年で一八歳人口は四割減となりましたが、大学の数は一・五倍に増えました。背景にバブル経済の時代に広がった「中流意識」に刺激された進学率の急増があります。

《第4章　「インスタ映え」の時代に》

どの大学も志願者を増やすことに必死です。AO入試など高校生の青田買いの状況や、私立大学では系列の高校からの内部進学者が伝統を支えていることにも触れます。

《第5章　多様化に直面する大学》

誰でも大学生になる「大学のユニバーサル化」をキーワードに、高等教育の大衆化とそれにともなう質の変化を考察します。大学の「保護者会」、学生の「心の病」なども紹介します。

《第6章　忖度する大学生》

「やりたいことが分からない学生」「もの言わぬ学生」「考えない学生」などに触れます。日常的に、学生が教員に「忖度」する様子も見られます。こういう学生が出てくる背景にはどのような環境があるのでしょうか。

《第7章　若者に幻を》

多くの学生が夢や幻を持たないまま、就活をし、特にやりたいとも思わない仕事に就きます。彼らには「あのようになりたい」という「生きたモデル」がないことが問題なのかもしれません。

《第8章　大学と社会》

専門分野で育つ教員、企業に翻弄される大学、「同僚」の存在についての会社と大学との違い、教授陣の「若手」と「上の世代」の置かれた状況について考えます。

《第9章　勉強させない国》

世界的に知られた「勉強しない日本の大学生」が構造的な産物であることに注目しました。「早く大学に行って、早く就職を」が学びを阻害しています。

《第10章　人工知能と人生一〇〇年》

長寿化社会と「学び」について論じます。人工知能（AI）やロボットをうまく操る人が社会を支配する時代は、社会人がますます大学で学ぶ時代になりそうです。

《終　章　みんなの大学を》

新時代の大学のあり方を提言しました。能動的に生きるために「学び」が大切になります。大学の出番はますます増えます。社会は大学を必要とし、大学は社会を必要とします。「みんなの大学」を一緒に作りませんか。

＊

本書を読むことで、読者が大学を見直し「もう一度、大学に行ってみよう、学び直そう」「若い時に大学に行けなかったから、今、行ってみたい」と思ってくだされればとてもうれしいです。

大学はかつてよりハードルがうーんと低くなりました。インターネット上では無料で講義を開放している大学も多くあります。教授陣へのアクセスもＩＴ（情報通信技術）のおかげで向上しました。大学も教職員も「学びたい」人に扉を開いて待っています。

「人生一〇〇年時代」です。年齢やキャリア、目的、動機が何であれ、誰でも大学に来てほしいと願います。大学は本来、若者だけのものではありません。大学の醍醐味は人と対話し、共に学ぶところにあります。オンラインでうまくいく場合も、いかない場合もあります。できれば、キャンパスに来て、教室で行われるゼミや講義に来てほしい。仕事をしている社会人こそが、大学に来てほしい。新しい仲間と出会ってほしいです。

「大学教員になりたい」という会社員や公務員の人には、本書でヒントが発見できると思います。強い願いはかなうものです。私が相談に乗った人は、時間はかかりましたが、大学で教職を得ています。「強い願い」が前提です。

すでに大学で非常勤講師として教えている人なら、本書で、大学の中の様子がもう少しはっきり分かると思います。

現役の大学教員で、若手の方（例えば四〇代より下の方）なら、行かなかった企業社会の雰囲気を嗅ぎとることができると思います。大学と会社は違います。同時に、上の世代の教員の考え方を知ることができると思います。

上の世代で、純粋にアカデミックな環境で育った大学教員なら、「社会人教授」の大学観の一端を知ることができるかもしれません。

産業界や官庁、自治体、政治家の皆さんには、「大学と社会の関係」の一断面を再発見していただけると思います。「勉強しない学生」「大学の危機」「大学はゾンビか」を一緒に考えませんか。意見交換したいのです。

大学生やその両親の方なら、大学では、さまざまなバックグラウンドをもった教員が教えているのだな、その違いは何を意味するのだろうと問題意識を持つかもしれません。

何らかの障害が理由で、大学に行こうかどうしようか迷っている人に言いたいです。大学はそういう人から学び、何を備えればよいのか知りたいと思っています。七〇〇以上の大学が日本にあります。探せば良い大学に出会えるのではないでしょうか。

高校生と高校の先生にぜひ読んでほしいです。「一体、高校生は何のために大学に行くのか」をきちんと考えることが必要です。コラム⑦の〈『約束のネバーランド』を読み解く〉(一八六ページ参照)にまず飛んでください。

企業で人事や採用担当をしている方なら、本書は、「大学からの一言」として大学業界を理解するきっかけになると思います。ＡＩとロボットの時代、新型コロナウイルス感染症の影響で一挙に弾みのついたオンライン授業で大学もまた環境の急速な変化に柔軟に対応しています。

最後におことわりがあります。本書で大学というとき、いわゆる研究主体の大学のことを指していません。日本社会でボリュームゾーン（中間層）を形成する学生の教育にあたる大学のことを論じるつもりです。

＊

また、本書は私のキャリアに基づいて話すつもりです。すなわち、大学における私のキャリアとは、次の二点です。

第一に、大学経営の一端として、大学の経営面におけるグローバル化の活動をしたこと。これは横浜国立大学で、留学生センター教授と国際戦略コーディネーターを兼任した時の経験に基づきます。

第二に、教員として、（1）専門職大学院（東京理科大学の知的財産コース、今は経営大学院）で社会人のリカレント教育に従事したこと、（2）現在は学部の教養教育科目（著作権、メディア論、ジャーナリズム論）を担当していることです。

現在は、東京理科大学の専任教授です。同時に東京、仙台、京都の三つの私立大学で非常勤の講師をしています。

また、リカレント教育の重要な担い手である放送大学（神奈川学習センター）でも教壇に立った経験があります。私が、社会人の「学び直し」（リカレント教育）に興味を持ったのは放送大学の経験がきっかけです。私自身、社会人学生として内外二つの大学で「学び直し」を経験しています。

加えて、大学以外の仕事として二〇一〇年以来、日本音楽著作権協会（ＪＡＳＲＡＣ）の理事をしています。ＪＡＳＲＡＣは作曲家、作詞家の団体（一般社団法人）です。音楽と著作権がクロスする実務の世界に属しています。その意味で、今も私は大学と外の世界を往復する日々を送っています。

大学についての書物は本当に多いです。けれど、会社に長く勤めた社会人（元ジャーナリスト）が大学世界に入り、この「異文化世界」を論じた本はあるようであまりありません。実は、執筆の動機は、「こんな本が読みたかった、でもなかった。それなら自分で書こう」です。一人でも多くの、大学や「大学業界」に関心のある人が本書を手にとってくださることを願っています。

「社会人教授」の大学論　目次

はじめに　1

序　章　社会人が教授になる　21
社会人教授の誕生　22／通信社とは何か　23／ワールドカップの報道官に　25／
文芸誌『すばる』で連載　27／大学教員になる三つの条件　28／
大学教員は一八万人。多い？少ない？　29／ウェブサイトの教員公募　30／会社と大学は違う　32／
社会人と大学の人　33／「世界大学ランキング」の恐怖　35／香港大学の肩書　38／
社会人教授とは　39

第1章　社会人が大学で学び直す　41
「美学」生の就職活動　42／役に立つ？音楽の美学　44／UCLAに留学　46／
原子力工学科の学生と　47／「大学だけで通用する人間」とは　49／ハーバード大学に暮らす　51／
理想的な学び直し　53／学生寮に日本人記者　54／『ある愛の詩』のように　57／
オンラインの同窓会　58／裁判官、弁護士、弁理士と学ぶ　59／
コラム1〈ハーバード大学の秘密〉　63

第2章　大学という「業界」　65
カタカナ語の世界　66／「大学設置基準」というルールブック　69／
カタカナ学部のビッグバン　72／「先生」と呼ばないで　74／コラム2〈生徒と学生〉　77

第3章　志願者を増やせ　79
定員割れが怖い　80／人口は減るのに大学は増えた　81／短大が大学に生まれ変わる　84／
ことぶき退社とクリスマスケーキ　87／コラム3〈「分かりやすい授業」の行き先は？〉　89

第4章　「インスタ映え」の時代に　91
卒業写真、どこで撮る？　92／「選ぶ」から「選ばれる」時代へ　93／
高校、予備校への営業も　94／ＡＯ入試とは　96／面接が得意な高校生　98／
伝統を支えるのは内部進学者　100／コラム4〈暗記型の学習、どこが悪い？〉102

第5章　多様化に直面する大学　105
「誰でも大学生」の時代が来た　106／苦悩する大学教授　111／高校生と大学生　114／
勉強しない大学生　116／コロナ禍で「学力の差」？　118／リメディアル教育の重要性　119／
「成績通知書」が保護者に届く　121／保護者会で情報交換　122／「保護者会ランキング」123／
どうする、学生の「心の病」　125／誰かに相談する力を　127／生涯賃金の格差が五五〇〇万円　130／
コラム5〈授業中の野球帽〉133

第6章　忖度する大学生　135
小学生より少ない勉強時間　136／やりたいことが分からない　139／おとなしい人の出番　142／
成果が出ない　145／就活でコミュ力が重視される理由　146／内弁慶？　ダメでしょ　147／
社交的な学生の「不都合な真実」　148／「だから、こう思う」がない文章　151／
学生も子供も忖度する　153／「考えない」習慣　155／「お父さん、会社で意見言っている？」156／
金田一秀穂さんの方法　158／コラム6〈教室の幽体離脱〉161

第7章　若者に幻を　163
海外特派員とイルカ飼育係　164／欲しい「生きたモデル」165／若者は幻を見る　167／
「あんな風に英語を話したい」168／年収三億円の人を見たことがあるか　170／
林真理子さんと山中伸弥さん、そしてポルシェ　171／今の大学教育では学生は変えられない？　173／

「保身と出世」のイエスマン 174／「学生＝貧困」の時代？ 176／
親元を離れた学生は貧困層？ 177／ブラックバイトから抜け出せない 181／
遅れている「教育の無償化」 182／私立に依存する日本の高等教育 183／
学生による無償化プロジェクト 184／コラム7〈『約束のネバーランド』を読み解く〉 186

第8章　大学と社会 189

大学入試、本当は単純な話 190／忖度する大学 191／同僚はどこにいる？ 193／
大学は閉鎖的？ 195／学会こそ活動の場 196／外国の同僚に助けられる 197／
ごまかせない「同僚の目」 199／「主張しない」が大学流？ 201／
「教員は社会的に存在意義を失っている」 204／「面接があるので欠席します」 205／
大学教育を台無しに？ 207／就活が学生を育てる？ 209／大学の授業はつまらない？ 210／
若手教員の困惑と不安 213／大学の耐えられない軽さ 215／
コラム8〈「ハケンの品格」と非常勤講師〉 217

第9章　勉強させない国 219

「ミスター円」の証言 220／米国人が成績にこだわるわけ 222／勉強させない構造 224／
大学と勉学はセットではない 235／設置基準に違反？ 237／一日「八時間学習」が基本 239／
卒業生の七割以上が就職 240／企業が学生に求めるもの 241／「今のうちに遊べ」 243／
やがて悲しき大学生 245／「大学のレベルを上げるのは企業」 247／濃密な日本の親子関係 248／
富裕層は知っている 250／日本から外れると活躍する若者 251／
コラム9〈アクティブ・ラーニングの罪〉 253

第10章　人工知能と人生一〇〇年　255

ライフシフトとは　256／寺島実郎さんの「ジェロントロジー宣言」　259／「勉強なんかしてどうするんだ」　262／やっぱり「勉強させせない国」　263／現代版「読み書きそろばん」　265／NC工作機械のインパクト　267／和文タイピストがいた時代　269／労働生産性が「教育機会」を増やす　271／オンライン授業ができますか　273／「アイボ」の葬式をどう考える？　275／人生の八割の時間は「学び」へ　277／『チボー家の人々』と『ブラームス全集』　278／ロボットを操作する人が一番？　281／コラム10〈オーケストラと大学〉　284

終　章　みんなの大学を　287

《提言1》在学期間一〇年を標準に――学びながら働き、自己実現と社会貢献を　289
《提言2》一七歳以下でも大学入学を――研究志向の人はどんどん先に進め　299
《提言3》社会人学生の特別枠を増やせ――「今から大学生になりたい人」歓迎します　302
《提言4》社会人に小中学校の教員養成プログラムを――教育への職種転換の道を開く　305
《提言5》地元・地域のカルチャー拠点に――地域通貨で大学の活性化を　307
《提言6》本気で地域間の連携を――ネットワーク空間と移動空間で生き延びる　314

おわりに　317

参考文献　325

索引　i

「社会人教授」の大学論

序章　社会人が教授になる

大学教員になるまでの二五年間、共同通信社というところで記者・デスクをしていました。記者は事件や事故の現場に行って取材し、見たり聞いたりしたことを社に報告します。

記者のことをレポーターと呼ぶのは、記者が見聞《みき》きしたり、調べたりしたことをレポート（報告）する人だからです。一方、編集者であるデスクは、記者が書き送って来る報告を世に出すために、記者が書いた原稿や集めたデータ、情報を取りまとめ、一本の完成した記事に仕立てるのが仕事です。現場の記者に「この人の言質（ウラ）をとれ」「あの情報を集めろ」と注文することもデスクの重要な仕事です。デスクは「デスク・エディター」の略です。社内の「机」を司会塔にみたてた編集者の意味です。

かつて報道機関に勤めた人間が今、大学教授をしています。この部分だけ捉えると、二つの仕事の間に飛躍があるように思われる人も多いと思います。

しかし、私の内部では、報道機関で仕事をしていたことと、社会人教授の間に大きな断絶はありません。他人の発言に耳を傾け、資料を読み込み、情報やデータを探し、そのウラを取り、執筆し、伝えるのがジャーナリストの仕事です。報道の仕事は、研究者の仕事に合い通じるように思います。

だからかどうか分かりませんが、ジャーナリストが大学教員になることは特段珍しいことではありません。例えば、ＮＨＫで記者をしていた池上彰さんは大学で生き生きと仕事をしておられます。報道の仕事がそのまま大学でも生きている証左です。

社会人教授の誕生

私が「社会人」から大学教授に転身したのは二〇〇九年春です。当時五二歳でした。共同通信社を早期退職して、横浜国立大学に転身しました。

ジャーナリズムなど専門職に就いていた人間がその仕事の経験を活かした授業をするために大学で教職に就く場合、「実務家教員」あるいは「社会人教員」と呼ばれます。私はこれに該当します。弁護士や裁判官、官僚経験者、官庁や企業で専門的な仕事に従事していた人などが大学教員に転じる場合がありますが、これも実務家教員（社会人教員）です。

転籍先の横浜国大では三年間、留学生センターの教授として、この大学のグローバル化推進の仕事をしながら、週に二回教壇に立っていました。大教室で「コミュニケーション論」（日本語）と、少人数の「グローバルコミュニケーション」（英語）を受け持っていました。

横浜国大を辞めたあと、東京理科大学の専門職大学院で知的財産権の教授をしていました（二〇一二―二〇一八年）。ここは、社会人向けの夜間の大学院です。社会人の学生は、仕事をしながら、自己の問題意識やキャリアアップのためにやってきます。現在は理科大の理学部の教養学科で、学部学生向けの教養科目を担当しています。「メディア論」「コミュニケーション論」「知的財産権論」などの科目を教えています。

通信社とは何か

私が社会人として働いた共同通信は、一般社団法人の報道機関です。単年度予算で運営される非営利組織です。全国の新聞社や放送局などのお金で運営されています。

ところで、通信社とは何でしょうか。意外なことに、大学の教員でも通信社の仕組みや役割について知っている人はあまりいないものです。なので、社会の中で黒子のような存在の通信社についてお知らせしておきましょう。

通信社は端的にいうと、「ニュースのおろし屋」です。契約関係にある新聞社や放送局にニュースを届ける「取材」の代行業です。国外では「AP通信」（米国）や「ロイター通信」（英国）、「AFP通信」（フランス）が有名です。新聞社や放送局などメディアに代わって取材し、メディアに配信します。契約メディアは送られてきたコンテンツを自由に使うことができます。

共同通信は東京に本社があり、一〇〇〇人を超える記者や写真記者（フォトグラファー）がいます。各都道府県に常駐記者がおり、海外でも五〇か所以上の取材支局や拠点を持ちます。日本語のニュースが主ですが、英語や韓国語、中国語でも対外発信しています。記者はインタビューしたり、会見に出たりして、情報やデータを集め、記事として執筆します。記事は全国のメディアにリアルタイムで送られます。共同通信は写真や音声、動画、イラスト、金融データ、スポーツデータも配信します。

新聞や通信社の世界では、まず記者として現場を十分に経験してから、デスクになるのが常です。したがってデスクは記者に比べて年長です。

私は、入社した当時は英語ニュースを日本語に編集して企業向けに発信する経済通信局（今はありません）という部署にいました。また、事件事故に翻弄される大阪支社の社会部記者だったこともあります。これは日本語の部署です。

私が一番長く従事した部署は、国際局海外部です。英語で取材し、英語でニュース発信します。日本にいて英語で記事を書くということは、結局のところ日本語と英語の二つの異なる言語を絶え間なく往復する仕事を意味します。この部に九年在籍し、主に経済、ビジネス、金融をカバーしました。

ワールドカップの報道官に

国際局にいたときに、一九九八年に「長野冬季オリンピック」があり、ＩＯＣ（国際オリンピック委員会）の要請で、共同通信のパートナーである信濃《しなの》毎日新聞社（長野県の有力紙。以下親しみを込めて「信毎《しんまい》」と呼びます）と共同通信社が協力して、三か国語（フランス語、英語、日本語）の公式新聞を制作することになりました。私は総括マネージャー（デスク）としてプロジェクトに参画しました。

私は大会が始まる一年以上前から現地入りしました。信毎はハード面として情報通信インフラを備えたニュースルームを作りました（オリンピックに合わせて開通した長野新幹線ができるまでは、特急「あさま」をよく利用しました。上野駅―長野駅間が片道三時間近くかかりました。今は新幹線で九〇分ほどです）。

ソフト面では世界から一二か国の記者を雇用し、総勢で一〇〇人を超えるプロジェクトとなりました。会期中はタブロイド版の三か国語の日刊新聞（二四ページ）を作るのですから、一つの会社を運営するようなものです。パラリンピックの日刊紙も同様に、信毎の輪転機で印刷しました。

また、二〇〇二年に日本と韓国の共同開催で「ＦＩＦＡ（国際サッカー連盟）ワールドカップ」が実施されましたが、この時に日本側の組織委員会のチーフ報道官の仕事をしました。こちらは、共同通信社からの出向という身分です。

ワールドカップ本番の二年前から、東京・有楽町の事務局に入り、組織委員会の報道部を統括しました。チューリヒにあるＦＩＦＡ本部とニューヨークのコンサルタントと毎日のように打ち合わせながら、東京の部員やスタジアムのある一〇か所の自治体と連絡を取ることが準備期の仕事です。二〇〇二年五月三一日に本番が始まると、一か月間ノンストップ。韓国と合わせて二〇都市の二〇スタジアムで六四試合が実施されました。その間、横浜のメインプレスセンター長として、ＦＩＦＡのキース・クーパー報道部長と、韓国のカウンターパートと常時連絡を取りました。世界一〇〇か国数千人ものメディア担当者やサッカー記者を相手にします。一緒に仕事をしたのは二〇〇人のスタッフと六〇〇人のボランティアです。私のキャリア人生で睡眠時間がもっとも少ない日々でした。

文芸誌『すばる』で連載

ワールドカップの仕事が終わって出向の身分が解かれて共同通信に戻り、やや閑職の部署に配属になったのを機に、二〇〇三年春から夜間の大学院（修士過程）で学ぶことにしました。前から興味のあった著作権の勉強をしたのです（第1章参照）。

この大学院を修了してまもなく、以前一緒に仕事をしたことのある集英社の編集者の岸尾昌子さんと会う機会がありました。知財を学んだことを話すと、「それ、評論の連載記事にしましょう。ジャーナリストしか書けないタッチで」と言われ、安請け合いしてしまいました。そうしたら、文芸誌『すばる』での連載がすぐに決まりました。

「よろしくお願いします」という正式なやりとりの時に、連載の仕様を聞いてびっくり、です。毎月、九〇〇〇字を書くのです。しかも、それが一二か月です。後には引けず、結局、二〇〇五年一〇月号から一年間、「所有の誕生」という知的財産の話を執筆しました。

連載が終わると、分量として一冊の単行本になります。運よく、みすず書房が引き受けてくれました。コネも紹介もないのに、初対面の編集者の島原裕司さんが企画会議にかけてくれ、半年後の出版となりました。連載の原稿を全面的に書き換えました。出来上がった『知的財産と創造性』（みすず書房、二〇〇七年）という本は、私にとっては初めてのハードカバーの単著です。

『すばる』での連載やみすず書房からの単行本のおかげで、仙台の東北学院大学で非常勤講師として講義を持つことになりました。東京の共同通信に勤務していたので、仙台には土曜日に往復することになりました。

大学教員になる三つの条件

著作ができて、大学の非常勤講師になったことで、「もしかしたら、大学教員に転職できるかもしれない」と思うようになりました。というのも、以前に「大学の先生になるには、三つの条件がある」という俗説を聞いていたからです。

その三つとは、(1)学位(博士号。人文系では修士号でも可)、(2)論文が最低三本あること、(3)大学での教授歴があること――です。

論文三本は著作一冊(学術書)に相当するという俗説も聞いていたので、もしかしたら、大学教員になる最低の条件は満たしているかもしれない、と思いました(報道著作権に関する論文は二本、発表しておりました)。

このころから、アンテナを張ることにしました。大学教員の友人に、事情を打ち明けて、「知財か、ジャーナリズム関連で教員の空席情報があれば、教えてほしい」という相談していたのです。

大学教員のポジションというのは、割と「空き」があるものです（今では、ＪＲＥＣ－ＩＮという教員の求人情報専門のウェブサイトもあります。国の科学技術振興機構が運営しています）。

大学教員は一八万人。多い？　少ない？

日本の高校教員の数は二三・三万人（専任。生徒数三二八万人）であるのに対して、大学教員の総数は約一八・五万人（専任。学部学生数二五八・三万人）です（文科省調べ。二〇一七年現在）。「大学の先生って、もっと少ないと思った」と思う人がほとんどではないでしょうか。

つまり、日本には大学教員（非常勤を除く）は、一八万人以上いるのですから、異動の数（空席が生じる数）もそれなりに多いと言ってよいと思います。参考ながら、中学は専任教員数二五万人（生徒数三三三・三万人）、小学校は四一・八万人（児童数六四四・八万人）です。

話を戻すと、「大学で教職を探している」と大学の先生をしている友人に告げることで、時々、「こんなのあるけど、どう？」というように声がかかるようになりました。

そもそも、多くの大学のポジションというのは、純粋にアカデミックな育ち方をしている人向けなので、そのころは社会人の教員をわざわざ採用するという仕組みはありませんでした。「三つの条件」にしてもよく分かりません。

ところで、最近知った話では、ある私立大学で「美術史」の教員採用の公募に対して約五〇人が応募したと言います。そのうち、フランスやイタリアなど海外からの応募が一〇人前後あったとのことです。ほぼ全員、博士号保持者です。

概して大学教員は人事の話が好きですが、私も教員の友人を通じて大学の内側の話に触れる機会が多くなりました。こんな話を耳にします。例えば、教員の「公募」が本当に公募かどうか分からない場合があります。あらかじめ、めぼしい人が決まっているにもかかわらず、その人をピンポイントで堂々と採用することは「出来レース」「お手盛り」と批判される危険があります（教員の採用は公募が原則です）。そのため、形の上で「公募にする」という手法も知りました。今では、教員採用はかなりオープンです。公平、公正だと思いますが、どうしてもこの人を採用したい、という場合はそれなりの工夫をして公募しているケースもあります。

ウェブサイトの教員公募

「教員を募集しています。大学の国際化推進できる人」

横浜国立大学の教授職に就いたのは、この大学のウェブサイトの公募情報がきっかけです。コネはありませんでした。ウェブ情報は、偶然、自分で発見しました。

アカデミックな業績はありませんでしたが、「国際化推進」業務なら、この公募はむしろ企業で国際化の仕事をしていた人が対象になっているかもしれないと思いました。

共同通信の日常業務で英語の記事を書いていたこと、二〇〇二年の「FIFAワールドカップ」や一九九八年の「長野冬季オリンピック」の仕事をしていたことなど、国際業務に従事していたことが「売り」になるかと考えました。英語でも日本語でも記事なら軽く三〇〇〇本は書いていましたし（それが本業でしたので）、著作はあるし、修士号の学位や非常勤講師歴もあるので、最低条件は満たしているかなと私は思いました。

出身大学（院）、留学先の成績書や卒業証明書とともに、骨の折れる応募書類（とにかく分厚い）を作りました。FIFAの元同僚に説明し、推薦状を海外から郵送してもらいました。あんなに短期間で集中して書類作りに精を出したことはありません。祈るような気持ちで郵便局から書留で送ったことを今も覚えています。

面接に呼ばれ、その日のうちに採用が決まりました（私以外にも面接を受けた人はいました）。公募の仕事は三年間の任期付きでした。面接で「任期が終わればどうしますか？」という質問があり、「その時になれば何かあると思います」と答えたものです。

後で知った話ですが、応募してきたのは八〇数人で、民間企業からの応募が半分ぐらいだったそうです。

会社と大学は違う

ジャーナリストから大学の教員に転身し、職場環境が大きく変わりました。研究室を与えられたことは大きいです。

大学の国際化（グローバル化）の仕事は多岐にわたります。各部署の英語名称の決定、キャンパス内の看板や標識の英語表示に始まり、イスラム留学生のための「祈り」のスペースの確保や大学食堂の「ハラール対応」も仕事の一環です。

ルーティンとして重要な仕事は、海外の協定校の開拓と維持や、留学生の呼び込みと日本からの留学生の送り出しです。加えて、「全部英語で卒業できる四年制学部プログラムの創設」という大事業もありました。

横浜国大のユニークな国際交流プログラムとして、「国際みなとまち大学リーグ」があります。港湾都市にある大学が「港」をテーマに文化や歴史、産業、海洋研究などについて、年に一度、シンポジウムを開催します。五大陸一四か国の一九大学が参加し、互いの大学を往来しています。こういうイベントは企業にはできません。大学ならではの事業です。

私は、横浜国大の中で「国際」と名がつくすべての委員会のメンバーでしたし、いくつかは座長も務めました。委員会は全部で九つありました。毎週のように会議がありました。そこで発見したことは、大多数の教員は、本当は「国際化」「グローバル化」には必ずしも積極的ではない、ということです。

私は留学生センター教授でしたが、併せて、学長直属の「国際戦略コーディネーター」という職を兼任していました。つまり、大学の国際化（グローバル化）の旗振り役です。各学部の国際担当の先生方と始終コンタクトをとっていましたが、この先生方は、国際経験も豊富で大学を国際化したい人たちです。しかし、委員会に召集される（駆り出される）末端の教員は、輪番で出てくるのか、当事者意識が低い人が多かったです。「国際」は余分の仕事のように思われがちです。面倒な割にメリットが少ないと思われてしまいます。会議に出ることは時間が取られることを意味するのでしょう。だから、時々「笛吹けど、人は踊らず」という現象に向き合うことが多かったです。どんよりと重たい気持ちになったものです。

社会人と大学の人

社会人だった私からみて、大学が企業と異なるのは、まさしくこの点にあります。会社では、たとえ会社が目指すものと従業員としての心情の違いがあっても、会社の決断には表向きはやる気を見せるものです。あてがわれた仕事は首尾よく遂行することが期待されます。しかし、大学の教員は一国一城の主《あるじ》なのです。「上からの命令」は基本的にはないようなものです。序列のせいで何か上から仕事が降ってきた場合は、面従腹背がまかり通ります。もちろん、会社の中でも意に反して何かをしなければならない場合はありますが、露骨に嫌な顔はできないものです。会社にもよるでしょうが、「その仕事はしたくない」場合は、上司にきちんと論理立って説明する必要があります（共同通信はそれが流儀でした。しかし、それでも引き受けざるを得ない場合は、明るく引き受けます）。仕事というものは、引き受けた以上は嫌な顔はできないものです。

会社の従業員と違って、大学の教員は概して本来の業務でない輪番でやって来る委員会の仕事に深くコミットしません（もちろん同僚の名誉のために言うと例外は多いです）。評価に（最終的には収入に）影響がないからです。会社の従業員であれば、同僚の目が常にあり、一挙手一投足が見られます。社内の噂にもなり、仕事そのものや仕事ぶり（今流行りの「やってる感」）も評価の対象になり、昇進や異動に響きます。もっと言うと、「やってる感」を出さない人は干されます。

大学経営の難しさは、会社のようにピラミッド型の上意下達ができにくいことだと思います。「それだから、大学はダメだ」と企業の人は言いますが、「大学というのはそういうところ」というのも、これまた事実です。

「世界大学ランキング」の恐怖

私が横浜国大の教員になったとき、実は隠れたミッションがありました。着任した日に知らされました。

それは「大学の世界ランキングを上げてほしい」ということでした。企業や報道機関では誰も直面しない問題です。正直、私はこの問題について、認識がありませんでした。みなさんもよく目にする「世界ランキング」がいかに大学にとって重要か述べておこうと思います。

世界ランキングは、ＴＨＥ（タイムズ・ハイヤー・エデュケーション）やＱＳ（クアクアレリ・シモンズ）という私企業、あるいは中国の有力大学である上海交通大学が発表します。世界中の大学は注意深く見守っています。

日本の大学は、芳《かんば》しいランキングが得られません。東大や京大ですら、中国の北京大学や清華大学、シンガポール国立大学、香港大学の後塵《こうじん》を拝するありさまです。日本の大学が叩かれる時に、世界ランキングの問題が必ず背景にあります。

世界ランキングの表から見ると、日本の大学の位置づけは厳しい状況にあります。一つの参考にすぎませんが、英国の教育専門誌タイムズ・ハイヤー・エデュケーション（THE）が毎年発表する「世界大学ランキング（二〇一九年九月発表）」によれば、東京大学が三六位、京都大学が六五位で、これが日本の大学としては最高位です。

アジアの国・地域別に上位校をみると、中国の清華大学（二三位）が最高順位で、中国の北京大学（二四位）、シンガポールのシンガポール国立大学（二五位）、香港の香港大学（三五位）が続きます。

いずれも東大より上位です。さらに言うと、二〇〇位以内に入ったのは、中国が七校、韓国が六四位のソウル大をはじめ六校、香港が五校で、いずれも日本を上回りました。日本をみると、二〇〇以内に入ったのが東大と京大の二校だけでした。英国はなんと二八校です。人口比を加味すると、このデータが示すものは日本にとって相当つらいものがあります。

世界大学ランキングそのものが不公平な尺度で作られているという声はあります。しかし、公表されるとそれは生きたデータとなります。大学の中にいる限り「そんなものは気にしなくてよい」とは言えません。

なぜか？

世界大学ランキングは、メディアに乗って衆目にさらされる大学の世界的な格付け（序列）だからです。

企業間の取引では、相手方の信用力やパフォーマンス、名声が重要視されます。社債やC

Ｐは格付けされることで、投資マネーが来たり来なかったりします。これと同じで、大学の研究教育その他のパフォーマンスを数値化したものがランキングに表れるので、大学のランキングは、資金獲得や国際協定や留学生、研究者の往来にもろに反映されます。

例えば、ある研究分野で、他国の大学で「内容がぴったり」「提携したい」と思う大学があったとします。すでに、教員同士が知り合いであれば、話が早いです。しかし、先方の大学に知り合いがいない場合、「同格かどうか」で、話し合いや交渉についたりつけなかったりします。学生の交流プログラムを作る時も「格」がものを言います。

大学は、大学を選びます。

どんな大学も「国際的機関」の要素があります。国を超えたアライアンス（協定）を新たに作る場合は、どうしてもランキングを参照します。私は、横浜国大で、「国際提携」つまり、協定校を開拓し、関係を維持することが重要な仕事でした。国を越えて、大学と大学が協定をするとき、包括的な契約（ＭＯＵ、Memorandum of Understanding）を結びますが、必ず相手校のランキングを参考にします。いったんＭＯＵが結ばれると、交換留学や研究者の往来はやりやすくなりますが、ＭＯＵがないと各種の交流は困難となります。

私が務めた三年の間でも、「貴大学とＭＯＵを締結したい」というレターをいろいろな国の聞いたこともない大学からもらいました。まずはランキングを調べることになりました。

香港大学の肩書

横浜国大では、国際戦略コーディネーターとして、セミナーやシンポジウム開催を企画立案することも仕事の一つでした。ある年、香港大学の友人をゲスト講師に招いたことがあります。香港大学はアジアでもトップ級、世界的に見ても有数の総合大学です。数人の登壇者の中に一人でも「香港大学」の肩書を持った研究者がいると、シンポジウム全体が引き立ちます。シンポの集客は上々で、香港大学が華になったと感じました。

ランキングについては、そもそもその正当性を含め、問題をはらんでいるのは大学人であれば誰でも知っています。しかし、現実が先行するので、ボヤいてばかりいられません。私もいくつかのランキングセミナーに出席しましたし、横浜国大にいるときは、THE、QS、上海交通大学の担当者を招いて、一日がかりのセミナーを開いたほどです（二〇一一年）。

世界の大学地図をみると、それぞれの国のトップ大学同士、中堅大学同士でアライアンス関係が見えます。世界中の大学がグループ化されているような錯覚に陥ります。差別的で排他的です。しかし、それが現実なのです。

都心にある大手私立大の学生にこの結果を見せたことがあります。自分の通うA大学は日本の偏差値上、B大学よりも低いことが広く知られているが、この世界ランキングではA大学がB大学より高く出ているのを知り、顔がほころんだことを私は見逃しませんでした。「国際的な見地からすれば、自分の大学は、あの大学よりも負けてない」と知ったのです。

社会人教授とは

大学における社会人教員は、大学業界では「実務家教員」と呼ばれます。企業などでの実務経験を活かして大学で教育・研究に当たる教員を指します。文科省では「専攻分野におけるおおむね五年以上の実務の経験」と「高度の実務の能力」を有する人材を実務家教員として位置づけています。社会人教授が求められるのは、産業の各分野でプロフェッショナル層の「底上げ」が必要だからだという考え方に基づきます。

今、多様な学生が大学に来るようになって、実務家教員が注目されています。医学の世界では、医師という実務者が医学部で教えることは普通ですし、弁護士が法科大学院で教えたり、経営コンサルタントがビジネススクールの教壇に立ったりすることはもはや日常です。今後、社会人の大学における学びの機会であるリカレント教育が盛んになるにつれて、実務家教員のニーズは増すものとみられます。

特筆すべき新しいトレンドは、二〇一九年に始まった「専門職大学」の設置です。専任教員のうち四割を実務家（社会人）教員で充《あ》てることが義務付けられています。すでにファッションや動物看護など実地の教育が決め手となる大学で実務家教員が必要とされているのです。

普通の社会人を対象にした実務家教員の養成機関もできました。社会情報大学院大学（東京・新宿）には、実務家教員（社会人教員）を養成するプログラムがあります。また、東北大、熊本大、大阪府立大、立教大は連携して実務家教員養成に着手しました。二〇二一年度に文科省の補助金事業としてスタートします。パナソニックや三菱電機など民間企業のほか、大阪府や宮城県など自治体も協力します。

第1章　社会人が大学で学び直す

私は学生として、これまでいくつもの大学のお世話になってきました。人生を振り返ると、転換点にいつも「大学」がありました。いえ、逆です。大学に行くことで、人生を何度も仕切り直しているようなものです。

京都の同志社大学文学部を卒業した後、東京・三鷹の国際基督教大学（ＩＣＵ）の修士課程に籍を置きました。専門は美学・芸術学です。大学院に在学中、ＩＣＵから奨学金をもらってカリフォルニア大学（ロサンゼルス校）の大学院に一年、留学しました。ここまでは美学の勉強のためです。大学院卒業後、研究者の道はないことを実感し、共同通信社に就職しました。

入社して一五年以上になり、三〇代後半に、会社の留学制度を利用して、一年休職しハーバード大学のジャーナリズムプログラムに籍を置きました。これは言ってみれば、ジャーナリスト専用のリカレント教育の場です。さらに、五〇歳になる少し前に、一橋大学の夜間の社会人用大学院（二年制）に行きました。仕事で必要性を感じた「著作権」の勉強のためです。

つまり、五つの大学（と大学院）で学んでいます。これまでに学生証を五枚持ったということです。期間を合算すると、学部の四年を含めて実に一〇年間、大学と名のつくところで学んでいます。私立、国立、州立（米国）と、法人も違っています。社会人になってから行った大学は「自分の学び直し」のためです。

本章では、社会人が大学で学び直す意義について私の実体験をお話しします。

「美学」生の就職活動

会社員時代は「いつ辞めようか」と数え切れないくらい思いましたが、通った大学で「失敗した」「退学しようか」と思ったことは一度もありません。

私は決して机にかじりついて勉強（研究）するタイプの人間ではありません。好奇心に任せて読書し、人の話を聞きに行く。「広く、何でも」が私に合っています。記者としての取材対象は、ニュートリノから微細なウイルスの仕組み、殺人、汚職、ゴルフトーナメントまで、相手もノーベル賞受賞者がいれば、ホームレスの人や幼稚園児もいました。森羅万象と言ってよいかもしれません。つまり、それぞれの取材では最初に「学び」があってそれが仕事になるのです。私にとって大学に行くということは「学び」の方法を学ぶことだと思います。

自分が文学部の学生だったときのことを少しお話しします。大学四年生だったとき、卒業まであと数か月という段階でも、将来について確たるイメージを持っていませんでした。ですが、学部の二年生で受講した「音楽美学」がおもしろかったため、大学院に進学する道を選びました。しかし、他学部の友人が就職活動をし始めた九月、「会社訪問」ができるのは一生に一度だけかもしれないと思い、就職活動をしました。大人社会が垣間見られるという好奇心があったのです。同時に、大学院の入試に失敗すれば、就職するつもりでした。

幸い、早い段階で二つの会社から「内定」をもらえそうなことが分かりましたが、迷った挙句、辞退しました。

内々定をくれた二つの会社には、一日かけてお詫びの手紙を書きました。「内定」を蹴ることはしてはならぬ、と父に厳しく注意されたことを思い出します。

役に立つ？ 音楽の美学

さて、二十歳頃から大学院（修士課程）を修了するまでに勉強した「音楽美学」について少しだけ説明しておきます。最近、学問分野の話をすると、「役に立つ」かどうかが問題になることが多いので、それに対する私の思いを述べておきます。

学部から大学院にかけて、私が選んだトピックは「音楽美はどこにあるのか。作曲家の頭の中にあるのか、楽譜にあるのか、音にあるのか、演奏者の頭に中にあるのか、聴いている人間の耳にあるのか。演奏される時間の流れとの関係は？」という問いかけです。音楽美とは、を本当に考えていたのです。感情（正確には情動）を排することが音楽の正しい聴き方であるというブラームス音楽を擁護したエドゥアルト・ハンスリックの『音楽美論』（*Vom Musikalisch Schönen,* 1854）が私の教科書でした。「音楽は感情を表現することはできないし、それは音楽の仕事でもない」とする説に刺激されたのです。

そもそも「美しい」とは何か。主観の中だけにしかないのか、客観的に存在し得るのか、つまり、ア・プリオリにそう言えるか否か。主観の中だけにしかないなら、なぜ、「美」をめぐって、人は他人と論じることができるのか。「この絵、美しいよね」と他人の同意を得ようとする段階で、客観性があるのではないか。

音楽美の所在（音楽の美とは何か、どこに存在するか）を考え、そこから何かの結果を得たとしても、お金にはなりませんし、目の前で餓えている人を救うこともできません。「役に立つか」の問いには、美学は何も応えるものがありません。

しかし、音楽について深く考えることで、人間の好奇心の及ぶ広がりや深さを知ることができます。そこから、類推ができます。世界には、自分の暮らしの中では顔を出さない現象があり、それを探求する人がかならずいる、と。シェイクスピアの『ハムレット』の言葉を借りると、「天と地の間には世の哲学などには思いもよらぬ出来事があるのだ」です。

会社で仕事をするということは、どんなきれいごとを言ったところで「全体の歯車やコマの一部に過ぎない」という考え方を受け入れざるをえません。ですが、効率と物質を求めるサラリーパーソンの世界にあって、哲学や美学を少しでもかじっていると、浮世のサラリーパーソン社会とは別のパラレルワールドを持っているようなものです。精神衛生上すぐれた「アジール」（逃げ場）を持っていると言ってもよい。そうやってバランスが保てるように思います。

生きていれば、誰だって理不尽な目に遭《あ》うでしょう。その際、どうやって受け流すか、自暴自棄になるか、場合によっては相手を許せるようになるか、あるいは理不尽な相手に論理で向かうか、さまざまなアプローチがあります。過去に「考え抜いた」人の残した考え方を知っていて、それを時々思い出すことは多少なりとも方策として力を発揮すると思います。大学時代に、哲学や美学など人文分野の勉強にほんの一時期でも熱中した経験があるかどうかの違いは大きいように私は思います。

人間はちっぽけだが、宇宙全体を頭に中にいれることができるかもしれないではありませんか。

ＵＣＬＡに留学

一九八一年にＩＣＵの大学院に進学して二年目、学内の留学試験に受かり、カリフォルニア大学ロサンゼルス校（ＵＣＬＡ）の大学院（美術史学部）に留学することになりました。高校生のころから、「いつかは留学を」を思っていましたが、お金がなかったことと、お手本になるケースが身近になかったため、留学は夢のように感じていました。

ＩＣＵの院生用の研究室（大部屋）には、実にさまざまな学生が出入りしていました。海外からの留学生がおり、留学から帰ってきた日本人学生、これから留学する日本人学生など、研究室はその意味では今風に言うと「グローバルな環境」でした。英語は公用語のようなものです。京都にいたときにはありえないようなグローバルな環境が自然にありました。

私は高等教育の個人負担の低減・無償化に賛成する人間です。それは二度の留学がいずれも奨学金や助成金を得て実現したという実体験に基づきます。返済不要の奨学金のありがたさを身に染みて感じています。

原子力工学科の学生と

ＵＣＬＡの留学は、わずか一年で、しかも、授業に出ても英語が分からないことが多く、院生としての研究生活からはほど遠いものでした。言ってみれば「お試し版の留学」というところでしょう。重要だったのは、三食のついた寮を中心にした暮らしで、世界各地からの留学生と情報交換する機会でした。私は大学院生専用の「ハーシーホール」(Hershey Hall)に暮らしました。ハーシーというのは、板チョコの「ハーシーチョコレート」のことです。この会社の寄付で作られたことを物語っています。

二人一部屋で、私のルームメートは原子力工学の博士課程の学生でした。当時も、米国では反原発運動がありました。ルームメートあての嫌がらせの電話を何度か取りました。匿名の抗議メモが部屋の扉の下方の隙間から投げ込まれていることもありました。

余談になりますが、自分の人生において、相部屋で他人と暮らすのは、手術を受けての三―四日の入院を除けば、この一年が唯一の経験です。今の時代、数人が暮らすシェアハウスの部屋であっても、ベッドは最低限カーテンで仕切られているでしょう。

しかし、私がいた大学院生用の部屋は、広さが八畳部屋ぐらいのもので、両側の壁から折り畳みのベッドを引き出すと、間に人が一人ようやく歩ける通路ができるだけの狭い部屋でした。プライバシーはありません。また、ルームメートも選ぶことはできません。

共有のシャワー室がフロアごとにありましたが、カーテンで仕切られていたにすぎません。学生として、一番低コストの暮らしはそういうものだったのかもしれません。

当時よく言われたことは、ルームメートとうまくやっていく最良の方法は「会話をしないこと」でした。今、これを書いていて、三〇年以上ぶりで、ルームメートのことをようやく思い出す始末です。写真はありませんし、お互いの住所も交換しないまま私は留学を終えました。

原子力工学のルームメートとは、原発について話し合ったことは一度もありません。初対面のときに自己紹介したぐらいでその後は話す機会もありませんでした。電話はシェアするのが決まりだったので、毎月の請求書を二人で、これはオレの、これはキミのと計算し、二人ぶんの小切手を合わせて電話会社に送るときが、唯一会話をする機会でした。

それでも、毎月二五〇ドル（三食付き）、「寝るためだけの部屋」と割り切れば、そんなものかもしれません（当時はレーガン政権の時代、レーガノミクスで一ドルは二五〇円くらいでしたので、六万三〇〇〇円くらいになる計算です）。米国では「勉強は図書館でするもの」が基本なので、寮の質はなんであれ、カレッジライフはエンジョイできるというのが米国流なのでしょう。

「大学だけで通用する人間」とは

私は今でも、「大学で学ぶ価値」とは、そこで会う人たちとのコミュニケーションだと思っています。図書館に行けば、あらゆる書物にアクセスでき、インターネットで必要な情報の大半が得られる時代に、大学に行く価値は減少したといわれます。極貧の国の子供が、動画授業のおかげでＭＩＴの博士課程に進学する時代です。しかし、それでも大学で学ぶ価値はあり、それは年齢や育った背景、背負っている苦労と関係なく、話ができる仲間を得ることだと思います。

今後は、オンライン教育と実際の対面型のゼミとの融合で、よりよい大学教育ができると思います。

そういう意味で、カリフォルニア大学に留学した最大の意義は、そこで知り合った大学院生との様々な雑談や時にまじめな意見交換でした。

ＵＣＬＡで出会った米国や各国からの大学院生の多くは、奨学金を得ており、同じ境遇の人が多かったせいもあります。文学や哲学系の学生は、「このまま、研究者の道を歩むか、マスター（修士）を終えた段階で仕事に付くか、学校の教員になるか」。つまり、私と同じ悩みを抱えていたのです。

そのときに、よく出てきた言葉が「リアル・ワールドに行くかどうか」という言い方です。つまり、「リアル」と「アカデミック」が対比されます。イスラエルから来た同い年の学生（民族音楽学）との会話を今もよく覚えています。「どうするの、日本に帰ったら。音楽や美学で仕事ないでしょ」。彼女は言います。「そう思わない？　このまま大学にいるのが良いのか、リアル・ワールドに行くか迷ってる。大学の中だけで通用する人間にはなりたくない」

「どういうこと？」

「エルサレムの先生は、研究室に戻って来い、というけど、このまま大学という特殊なところにいていいのだろうか。自分を狭い世界に閉じ込めることにならないか。他の世界を知らないまま、大学にいるのって、いいのだろうか」

結局、私は、研究者への道の入口のところで、引き返しました。一年の留学を終えて帰国、「今なら、まだ間に合う」と就職活動に着手しました。一九八四年、共同通信社に新卒者として入社することになりました。

ハーバード大学に暮らす

次は二つ目の留学の話です。今度は、在職中だったので、勝手が全然違います。

共同通信の国際局で英文記者だった時、ハーバード大学から招かれ、一九九五年の夏から一年間、ハーバード大学の教養学部（Faculty of Arts And Sciences）と連携するニーマン・ジャーナリズム財団（Nieman Foundation for Journalism）で過ごすことになりました。共同通信に一年の休職を願い出ると、「会社としても名誉なこと」と在外研修扱いにしてくれました。

一年の研修プログラムで、米国から一三人、米国以外の国から一二人で構成されます。年齢的には、二九歳から四一歳の記者が集まりました。このプログラムに参加する人は「ニーマンフェロー（Nieman Fellow）」と呼ばれます。

「自由に自分のペースで研究を」が趣旨です。週に二度開催されるランチ付きのセミナーに出席することが義務付けられていました。あとは自由です。

「一年の（正確には九か月の）研修中は仕事をしてはいけない」「家族を連れてくること」「最低でも四つの授業を取ること」などの「掟」（？）さえ守れば、あとは自由にハーバードの施設を使ってよろしい、「グッドラック！」というわけです。八〇年の歴史を持つ世界でもっとも古く、もっとも充実したジャーナリスト用のプログラムです。

「仕事をするな」というのはこのプログラムの中心的理念です。というのも、ジャーナリストは、ほうっておけば、オフィスであろうが自宅であろうが、移動中であろうが、いつも仕事のことを考えてしまう宿命にあるからです。まして、ハーバード大学はネタの宝庫。教授陣と話しているうちに、どんなことでも記事にできそうです。

世界の多くの大学には、教員が七―八年に一度、半年か一年、授業や大学の仕事を離れる「サバティカル」制度があります。それをジャーナリストに応用したのが、ニーマンフェローシップというプログラムです。なので、集まった記者も、調べ物をするためハーバードの施設を使う人もいれば、本業を再開した時のためにネットワークを築く人もいました。半分くらいの記者は、一年間のリフレッシュ休暇を取ったようにボストンの暮らしを楽しみに来たようなものだと思います。

ニーマン財団の建物は、「リップマンハウス」と呼ばれます。名ジャーナリストのウォルター・リップマンにちなんでいます。マイケル・サンデル教授の『白熱教室』で有名になった古風な作りのサンダーズ劇場（大学オーケストラの演奏が行われるホールとして使われたり、セミナー会場にもなる大型の講堂）から歩いて数分のところにある、大きな庭に囲まれたニューイングランド風の木造の建物です。セミナー室、コンピューター室、ライブラリーがあり、子供が遊べるキッズルームもありました。

理想的な学び直し

このプログラムが素晴らしいのは、記者プログラムそのものがハーバード大学にきちんと根を下ろし、大学共同体の一部としてその存在が学内で広く知られていることです。私が会った教授はほぼ全員、このプログラムを知っていました。「この授業をとってよいか」と自己紹介がてら尋ねると、「ぜひどうぞ」と歓迎を受けます。「ニーマンフェローが出席している」というのは教授陣にとっても名誉なことなのだそうです。確かに、ハーバード大学にいて、「ニーマン」を告げると開かなかった扉はありませんでした。

ハーバード大学の中で一年間暮らして思うことは、大学や教授陣の豪華なことは言うに及ばず、このプログラムの同僚（フェロー）との交流の素晴らしさです。国や地域を越えて、同じ仕事であるジャーナリズムについてさまざまな点から情報交換ができました。

ある時、私は日本の記者の長時間労働ぶりを話すため「記者は、政治家や警察トップを取材するために、夜間に自宅を訪問することがある」と言うと、米国人記者からたいそう驚かれたことがあります。

「え？　日本では、公人は昼と夜で言うことが違うのか？」と真顔で聞きかえされたのです。本音と建前のあり方が、日本と米国とでは違っていることを示す好例だと思います。

いつも一緒にいると、家族ぐるみの付き合いが深まります。ジャーナリストが大学で一年間を過ごすというのは、大学にも良い影響があります。社会とつながる接点が増えるからです。私以前に日本からは数人のジャーナリストがフェローになっています。元朝日新聞記者の下村満子さんは、滞在記を『ハーバード・メモリーズ――アメリカのこと・日本のこと』(PHP研究所、一九八九年)にまとめています。

これこそ社会人が学び直す「リカレント教育」の理想の姿だと思います。すでに創設八〇年を越え、毎年二五人のジャーナリストが米国内外からやってきます。スタンフォード大学やミシガン大学、英国のオックスフォード大学に、類似プログラムがあります。日本にはこのようなプログラムはありません。

学生寮に日本人記者

ニーマンフェローになった私には、教員用のIDが与えられ、「ダンスターハウス」(Dunster House)という美しい学生寮の特別なスイートルームが用意されていました。キッチンもあり、妻と二人で暮らすには十分の広さがありました。

ハウスでは、「日本から来たニーマン(記者)がいる」というふれこみでチューター(学生指導係)として、学生の話し相手になることが期待されました。また、ハウスで行われるさまざまなイベントに参加することができました。数百人の学部学生が暮らすこのハウスに溶け込む努力をしました。

ハーバード大学には全部で一二のハウス（学生寮）があり、二―四年生は必ずどこかの寮に割り振られます。この大学では、学生は自宅通学や何かの事情がない場合を除いてたいていどこかの学生寮に住むことになっています。一年生は全員がキャンパス（ハーバード大では「ヤード」と言います）の中心部の大きな寮で暮らします。

私のいたダンスターハウスは、卒業後に医学（メディカル）スクールを志望する「プリメッド」(pre-medicine の略）と呼ばれる学生が多かったです。当時の寮長（ハウスマスター）はカール・リエムさんで魚類学の教授でした。私が「魚の国」から来たこともあり、リエム教授夫妻とはよく食事を共にしました。それまで縁のなかった魚類学について教わったものです。例えば、京大の研究者がアフリカの湖に拠点を置き、孵化する際に右回りか左回りで回転する魚について研究していると教えてくれました。その右回りか左回りかに意味があるのだそうです。

私には、この左右の非対称の話がとてもおもしろく、「文章は右から書くか左からか」「交通の左右」「肖像画の左右」「宇宙に左右はあるのか」を考えると飽きることがありませんでした。「それって役に立つのか」を脇に置いても、考える喜びを刺激します。

ハーバード大学の中に暮らしてみて、この大学はやはり「すごい」と実感することはいくつもありました。一つが学生の多彩な能力です。ダンスターハウスの名物は、学生オペラです。毎年、学生だけで運営上演されます。

私がいた年は、モーツァルトの『フィガロの結婚』がかかりました。大きなダイニングホールのテーブルをとっぱらい、ミニオーケストラで、きちんとした衣裳をまとった本格的な演奏です。『フィガロ』は登場人物の関係が複雑な人間ドラマですから、ソリストがアリアをきれいに歌う以外に、出演者同士のやりとり、セリフや表情など演技面が重要視されます。三時間以上のオペラをみていて、聴衆の学生がクスクス笑う部分も多く、忘れがたい一夜となりました。

ハーバード大学の卒業式（1996年5月。右から3人目が著者）

『ある愛の詩』のように

米国の大学で暮らしてみて分かることは、大学と関係のない人が案外多く大学に行き来していることです。日本の大学と違って、キャンパスを若者が独占している感じはありません。昼間キャンパスを歩けば、何をするでもない大人がキャンパスを散策したり、カフェテリアで本を読んでいます。観光客も世界中からやってきます。大教室の授業であれば、明らかに正規の学生ではないような高齢者が後方で熱心にノートをとっている姿を見かけます。

寮には、大学の教員でもない人が数人チューターとして住み込んでおり、学生の話し相手をします。私が暮らしていた時は、ボストン交響楽団のオーウェン・ヤングさんというチェリストが私と同じようにチューターをしていました。先述した『フィガロの結婚』も彼が指導していたはずです。

はるか前に、私と同じ立場でチューターとしてこの寮に暮らした人で、エリック・シーガルがいます。ハーバードの学生を描いた『ある愛の詩』の著者です。映画で観ると、有名なワイドナー図書館（タイタニック号で犠牲となった富豪ワイドナーの図書寄贈で知られる）やスケート場、室内楽のコンサートが開かれるペインホールなど、ハーバードの建物がたくさん出てきます。

シーガルのように、私も学生のことをいつも興味を持って観察していました。ＵＣＬＡにいた時に比べて、この大学の学生は総じて感じのよい人が多いという印象を持っています。

しかし、仲良くなった寮の警備監督（英語で superintendent スーパーインテンデント）は「彼らはいつもすさまじいプレッシャーにさらされている」と言っていました。日々の勉強についてて行くことが大変なのです。確かに、ハウスに付属する図書室は二四時間オープンで、深夜遅くまで、必ず誰かが黙々と勉強しているのです。

余談ですが、ダンスターハウスには、クリントン政権で副大統領を務めたアル・ゴア氏が学生時代に住んでいました。ちなみに、皇后の雅子妃がハーバード在学中に住んでいたのは、ローウェルハウスです。私の「通学路」の途中にありました。

オンラインの同窓会

本書の終章で、新時代の大学のあり方についていくつか提言しますが、大学というところを普通の勤め人にも開放して、時には現役の学生と教室で交わる仕組みがつくれないでしょうか。

これがいかに良い効果を生むかということを私は米国の大学で知ることになりました。日本の大学に、ニーマンプログラムのようなジャーナリスト向けの研修プログラムはありませんが、大学と企業との間で提携ができないかと思います。

今もなお、同期のフェロー（元同僚）とは日常的に連絡を取り合っています。二〇一一年三月一一日の東日本大震災が発生してまもなく、ＣＮＮ報道を見た元同僚からありがたい申し出を受けました。「放射能が大変じゃないか。居場所がなくなったら、おいで。今すぐ。好きなだけ、いてくれたらいい」

今では、Zoomで仲間が集まります。オンライン同窓会が国境を越えて繰り広げられるのです。つい先日、新型コロナウイルスの感染拡大のさなか、同僚の一人（米国人）から「誕生日を迎えるので来い」という連絡がありました。ワイングラスを持ってパソコンの前に集合です。総勢六〇人が歌をうたって盛り上がりました。

裁判官、弁護士、弁理士と学ぶ

私にはハーバード以外に、もう一つ「リカレント教育」を受けた経験があります。東京で仕事をしながら、一橋大学の社会人用の大学院で学んだのです。

出向職員としてＦＩＦＡワールドカップの組織委員会で報道官をしていたことは序章で述べました。この仕事が、二〇〇二年秋に終わり、共同通信に戻るときにジャーナリスティックな仕事から外され、管理職に就いたのです。記者職と勝手の違う仕事でしたが、幸いにも会社生活で初めて、定時に帰れる部署に配属されたので、一念発起して、夜間の大学院に行くことにしました。

以前から著作権をきちんと勉強したかったので、機会があれば、大学で学びたいと思っていたのです。中でも興味があったのは「報道著作権」です。報道の仕事は、記者会見に出たり、インタビューしたり、資料に当たったりして、他人のコンテンツ（著作物）を使います。並行して、写真や動画の撮影は報道の仕事の中心にあります。つまり、報道機関は他人のコンテンツを利用しながら（つまり複製しながら）、ニュース（記事や写真や音声、動画、イラスト）として世界に発信します。いったんニュースが世界に流れると、今度は視聴者がコピーしたり、インターネットで拡散させます。ニュースはコピー（複製）されることで伝達されると言ってよいでしょう。

端的にいうと、記者は他人のコンテンツを複製しながら、その仕事の成果は他人に複製される、それをまた、記者はコピーする。この循環を、著作権のルールの中でどのように理解したらよいのか――。

私がこの問題に関心を持った時、ジャーナリズムの世界で、このテーマについての法的なアプローチはあまりありませんでした。そのため、報道著作権の課題や問題点を探りたくなったのです。

一橋大学の神田キャンパス（神保町）が、知財プログラム（二年の修士課程）を立ち上げることをたまたま知ったので、入試を受けました。同期は一〇人の仲間です。東京地裁の裁判官や弁護士、特許や商標の弁理士、特許庁の審査官など法律のプロのほか、医薬品やゲームメーカーの法務担当者などの知財のプロが同級生でした。

毎晩二コマ、著作権法や特許法などの知財法だけでなく、周辺領域となる独禁法や会社法、民法の契約や不法行為を履修しなければなりませんでした。法学者だけでなく、第一線で実務に当たっている弁護士が授業を受け持っていました。裁判官や最高裁の調査官が教壇に立つこともありました。

ちょうど二年の課程の最中の二〇〇四年一月に、中村修二さんの「青色発光ダイオード発明」の対価に関する「世紀の裁判」の東京地裁判決がありました。判決を聞いたその夜、授業でも興奮が冷めず、帰り道でもアルコールが入り、議論が延々続きました。「従業員が会社の備品を使いながら発明して二〇〇億円の報酬をもらうことはあり得ない」という私の主張に、「法律を冷静に当てはめるとそうなっている。判決は正しい」と弁理士のクラスメートは譲りませんでした。

時代の変化が激しい時に、社会人（実務の人）が会社と大学を往復することは、社会人、大学、企業にとって良いことずくめです。社会人学生同士の議論の醍醐味がここにありました。学問理論と実務経験のコラボレーションが実現するからです。教授（理論の人）を交えて、学生同士の議論や意見交換では独特のケミストリー（化学融合）が起きます。誰もが刺激とインスピレーションを受けます。一日の仕事を終えてから、夜間に教室や図書館に向かうのはハードワークですし、週末は潰れますが、地平は間違いなく広がります。

新型コロナウイルス感染拡大の影響で、オンライン授業が盛んになりました。従来型の授業にないメリットがあることを認めた上で、それでもやはり、リアルな世界で人と人が集まることの化学融合は格別です。

社会人はもっと大学に行くべきです。今、大学は驚くほど多様なプログラムを設けています。死ぬまで「学び」の喜びを味わい続けられます。大学では人と会うことができます。教授だけでなく、クラスにいる学びの仲間の存在は、強調してもしすぎることがないくらい重要です。今、特に日本では、大学には二十歳前後の人が漂っていますが、彼らにキャンパスを独占させることはありません。

余談ですが、この夜間の大学院で勉強するため、厚労省の教育訓練給付金の給付を受けました。修了後ハローワークで三〇万円を受け取りました。

コラム *1*　ハーバード大学の秘密

ハーバード大学は米国で最古の大学です。英国の植民地時代の一六三六年に創立されました。ちなみに米国の建国は一七七六年です。

創立以来、教養教育が主軸にあります。それは建物の配置をみてもよく分かります。「ヤード」と呼ばれるキャンパスではリベラルアーツ学部が大学の「中心」にあります。「周辺」にメディカルスクール（医師養成）、ロースクール（法曹人養成）、ビジネススクール（経営者養成）、ケネディー行政スクール（政治、行政人材養成）、神学スクールが配置されています。それぞれのスクール（大学院レベル）は「職業訓練システム」の扱いです。

ハーバードを真似ようとした日本の大学は多いはずなのに、なぜ、この大学の中核である「教養教育」（リベラルアーツ）を採り入れなかったのか不思議です。ちなみに私がいたジャーナリズム用のプログラムは、組織上はリベラルアーツに属していました。

ハーバードはもともとはプロテスタント系の大学です。ヤードの中心部には大きな「メモリアル教会」があり、私がいた時はピーター・ゴームズという牧師さんが日曜日に説教していました。自らゲイであることを公表し、リベラルな発言でよく報道でも取り上げられました。私は同僚とよく出向きました。

カジュアルな雰囲気の大学ですが、五月下旬の卒業式では、ヤード全体は一般の人を締め出します。大学関係者と卒業生、それにチケットを配布された家族だけが、イベントに参列できます。教授陣と卒業生はすべてキャップ（角帽）とガウン（マント）を身にまといます。

この日だけは、ハーバードは「ガウンの日」となります。英語で「タウン・アンド・ガウン town and gown」という韻《いん》を踏んだ言葉があります。かつて、英国のケンブリッジやオックスフォードなど、正装のガウンをまとった教授のいる大学は、タウン（町＝世俗）から隔絶された存在だったことを示します。卒業式の日だけは、ハーバードもカジュアルな世俗を排するのです。

ハーバード大学はボストンにあると思われがちですが、本部はボストン郊外のマサチューセッツ州ケンブリッジ市にあります。市名は英国の大学にちなんでいます。

第2章　大学という「業界」

日本には約七八〇の大学があり、約一八・五万人の教授や准教授、講師などの教員（非常勤を除く）と約九万人の事務職員（医療系、技術系などを除く）が働いています。大学は大学として業界を形成していると言ってよいでしょう。

営利目的でない大学群を「業界」と呼ぶのはいささか抵抗がありますが、便利なので、この言葉を使うことにします。

私が二五年間所属したのは「新聞・通信社業界」です。日本には約一二〇の新聞社・通信社があり、従業員の数は約三万八〇〇〇人です（記者がそのうち約一万七〇〇〇人です。二〇一九年の日本新聞協会のデータです）。規模の上では圧倒的に小さいこの報道業界から、二〇〇九年に「大学業界」に転籍しました。

業界をまたぐと「異世界に来た」と感じます。どの業界にも独特のルールと業界用語があります。大学内部のいる人からすれば当たり前のことでも、私のように外部にいた人間には目新しいことばかりです。

カタカナ語の世界

まず、「大学の業界用語」が分かりませんでした。ラグビーを楽しむには、用語とルールを知らないとどうしようもありません。ボールを前に落とすと「ノックオン」という反則になります。ゴールとトライは違う。用語を適切に知らないと眼前で何が起きているか分からないように、大学業界で働くには知っておくべき単語があります。

外の世界から大学に来て戸惑うことの一つは、知らなかった大学界の「用語」が、教職員の間で飛び交っていることです。過去数年ほどの間に日常的になった用語もあるので、今後も増えるに違いありません。

「認証評価」「学士の質保証」「学修ポートフォリオ」「教学マネジメント指針」「アドミッション・ポリシー」「カリキュラム・ポリシー」「ディプロマ・ポリシー」「キャリア支援」「TLO」「コース・ナンバリング」「リメディアル教育」「リカレント教育」「FD（ファカルティー・ディベロップメント）」「SD（スタッフ・ディベロップメント）」「シラバス」「ラーニング・コ

言葉を耳にします。

モンズ」「反転授業」「アクティブ・ラーニング」などなど。最近では、「大学ＩＲ」という言葉を耳にします。

カタカナ語が多いのは、監督官庁の文部科学省からの通達文書に沿っているからでしょう。記者経験からすれば、お役所は政治家や財界に変革を提案したり、新味を出したりする場合に意図的にカナカナ語を多用します。

聞いただけで内容が推察できるものがある一方で、「ディプロマ」「リメディアル」など日常語にないものは難しいと思います。英語圏に留学した経験のある人なら「シラバス」（授業案内）や「コース・ナンバリング」（科目番号制。あらゆる科目に番号を振って、入門か、中級か、レベルが高いクラスか可視化し、段階的に受講することを示す）は知っているはずです。

いずれも、大学内で行われる各種会議では毎日のように出てくる術語です。

この際ですから、大学外の人でも知っておくとよい言葉に絞って、簡単に紹介しておきます。アドミッション・ポリシーは、アドミッション（入学者受け入れ）の方針（大学としてどんな学生に来てほしいかについての方針）、カリキュラム・ポリシーは、カリキュラム（教育プログラムのあり方）の方針（こういう教育をしますという教育の中身についての方針）、ディプロマ・ポリシーは、ディプロマ（卒業認定）に関する方針、つまり、「こういう学生を世に送り出すつもり」という学生の卒業時の質保証の方針を指します。

実はこの三つのポリシーはとても重要です。それぞれの大学の方針や理念が明瞭に分かるからです。「〇〇大学とは」はこの三つで端的に言い表されるはずです。この三つのポリシーを十分に尊重してそのとおりに実践すれば、本当は大学改革の必要はありません。

ＦＤは「教員研修」の意味です。Ｆは「ファカルティー＝教授陣」を指し、Ｄはディベロップメントつまり研修を意味します。ＳＤは「事務職員（スタッフ）の研修」を指します。

ところで、最近導入された概念で、各大学が力を入れているのが「大学ＩＲ」です。「ＩＲ」とは「インスティテューショナル・リサーチ（制度的な分析・調査）」の略で、大学の意思決定や経営改善のために、関連する情報やデータを総合的に分析、調査、計画立案するための活動です。大学が抱える課題を慣例や経験だけに頼らず客観的なデータで把握することによって、経営や教育の質の向上に役立てようという姿勢に基づきます。

企業で言うと、経営企画室が担う仕事です。「うーん、現場じゃ分からないな。ＩＲに聞いてみよう」などという言い方をすることがあります。

これらの用語のうちで、「人生一〇〇年時代の大学」が論じられるときに必ず登場するのが「リカレント教育」です。リカレントのもとの意味は「循環すること」です。大学と社会を分けて考えた場合、これまでは、大学から社会という方向性だけが重要でしたが、今後は社会に出た者の学校への再入学が重要になるとした「学び直し」の場となることが大学に求められます。学びの質の保証を大学が行うことになり、大学が履修証明書を発行することができます。

「大学設置基準」というルールブック

大学に移籍した当初、教職員と話をしていて、よく耳にしたのが、「大学設置基準」です。民間企業にいた身から、「大学って、もっとこうなりませんか。こんな科目を作ったり、こんな施設を作ったりできませんか」など、素人の私が何か思いつきの提案をすると、「いやあ、それって、設置基準があるからダメです」とよく言われました。

文科省が定めた「大学設置基準」は、学校教育法に基づく、大学設置と運用についての最低限の基準（スペック）が記載されたルールブックです。国公私立の差別なく用いられる、大学というもののソフト面、ハード面の形式を定めたルールです。企業が証券取引所に上場する場合に子細な条件をクリアーしなければならないように、大学を大学たらしめる形式が大学設置基準だと思ってよいと思います。

例えば、大学はどこでも学部や学科ごとに学生の定員がありますが、きちんと設置基準に則った定員となっており、大学側が勝手に増やすことはできません。大学を作る際には、学校教育法、私立学校法の規定により、文部科学大臣の認可が必要です。大臣が認定を行う場合には、大学設置・学校法人審議会への諮問などのプロセスを経て、大学は「国が認定」します。国が教育機関としての質を認めているということで、少なくとも建前の上では大学の質や権威が保たれます。

この設置基準というルールブックには、学生数に対する専任教員の数や校舎の面積などのハード面について、数字とともに明記されています。

例えば、法学系の学部を作る場合、収容定員が四〇〇―八〇〇人に対して、専任教員は一四人でなければなりません。理学や工学系では二〇〇―四〇〇人に対して一四人、文学系では三二〇―六〇〇人に対して一〇人です。

これが獣医系の学部であれば、三〇〇―六〇〇人に対して二八人でなければならないと明記されています。参考ながら、医学部の場合は、収容定員が三六〇人までであれば、専任教員は一三〇人でなければならず、学生と専任教員の比率が最も高い（学生一人当たりの教員の数が多い）ことが示されています。医学部の場合は収容定員が三六〇人よりも多い場合は専任教員は一四〇人です。ついでながら、歯学系では、収容定員が三六〇人までなら、専任教員は七五人です。

また、ハード面においても、校地の面積については、学生一人当たり最低一〇平方メートル以上とするという文言が見えます。余談ですが、大学業界ではコロナ禍の「社会的距離」が取りざたされた時、この数字がにわかにクローズアップされました。

設置基準には、学部学科など組織形態から教員の資格、教育課程、卒業の要件、教室や図書館、施設設備に至るまで、大学の在り方を定めています。日本のあらゆる大学は外形的にはこの設置基準を満たしていることになっています。

また、教員養成の学部を設置する場合は附属学校を、医学部や歯学部の場合は附属病院を「置くものとする」と書かれています。

学部のハード面である附属施設について次のような記載が見えます。各学部を設けるためには、附属施設を持つことが定められているのです。次のようになっています。農学系学部（農場）、林学系（演習林）、獣医学系（家畜病院）、畜産系（飼育場または牧場）、水産系（養殖施設）、商船関連系（練習船）、体育系（体育館）となっています。これによると、薬学系の学部を設置するには、薬用植物園（薬草園）を設置しなければなりません。

確かに、各大学を訪問すると、ハード面ではどの大学も最低限のスペック（仕様）を維持していることが分かります。例えば、どの大学のどの専任教員を訪ねても、教員一人ひとりは必ず研究室を持っています。ルール上、研究室に関する規定では「専任教員に対しては必ず備えるものとする」とあります。

おもしろいところでは、学長になるための基準が明記されています。「学長となることのできる者は、人格が高潔で、学識が優れ、かつ、大学運営に関し識見を有すると認められる者とする」（一三条の二）となっています。

設置基準は厳格に適用されています。なので、仮にある私立大学が「経営難だ、えーい、定員を増やそう。授業料で稼ごう」と思っても、この設置基準を遵守する必要があります。

逆に言うと、平成時代の三〇年に三〇〇校近い大学が新設されましたが、どの大学をとっても、この基準をクリアーしています。規制緩和が各分野で進んだ当時では、基準さえクリアーされれば、大学が作られたように見えます。

カタカナ学部のビッグバン

大学はまた、自らを刷新しながらブランドを形成することに意欲的です。文科省などのお役所は、カタカナ語が好きですが、昨今の大学もまた、カタカナ語による学部名を作って、新しさを強調します。私が学部生の時と違って、学部の名前は激増しました。

大学の学部というと、明治以来、文学部、法学部、経済学部、教育学部、理学部、工学部、農学部、医学部、薬学部などが広く共通の概念として共有されていました。しかし、東京大学教授の吉見俊哉さんによると、学部の名称は一九八五年の段階で八〇種類、九〇年の段階で九七種類あったそうです。それが、一九九〇年代以降、九五年に一四五種類、二〇〇〇年に二三五種類、二〇〇五年に三六〇種類、二〇一〇年に四三五種類と増えていきます（「大学の不条理と未来」『現代思想』二〇一八年一〇月号）。例えば「シティーライフ学部」「フロンティアサイエンス学部」「ホスピタリティー・ツーリズム学部」などがそうです。いずれも私立大学です。

リクルート社の調べでは、二〇一九年の段階で、学位（卒業証書）に記載する専攻分野の名前は七〇〇種類以上あるそうです。そのうち約六割が一つの大学だけで独自で使っている名称だということです。

財政の大部分を学生（親）に頼らなければならないので、努力が見られます。時代の移り変わりとともに大学も変わらざるを得ない面がありますから、ネーミングが大事だというのも、言われてみれば「そうかな」と思いますが、「インスタ映え」が大学に押し寄せている状況の一環と思えば、なるほどと思います。

実は、国立大学（国立大学法人）も組織改編する場合は、目新しい学部や学科名をつけます。宇都宮大学地域デザイン科学部は「コミュニティデザイン」「建築都市デザイン」「社会基盤デザイン」の学科を設け、愛媛大学社会共創学部は「産業マネジメント」「産業イノベーション」「環境デザイン」「地域資源マネジメント」などです。漢字を引きずりながら、カタカナ語と合体させて新しい名前をつけるのが、「国立」流です。

「先生」と呼ばないで

日本の大学業界を貫く強固な習慣のひとつは、業界内ですべての教員を「先生」と呼ぶことです。教員同士でも年齢や教員歴に関係なく、そうします。かすかに違和感を持ちながら私も受け入れています。

記者時代、講演会やセミナーの講師として招かれることがありました。「ジャーナリズムの裏話」や「記者の日常」など軽いタッチのテーマが多かったです。そうした場合に主催者から「先生」と呼ばれることに抵抗がありました。「すみません、『さん』にしてもらえませんか」とお願いしていました。たいてい、すぐに理解してくれます。

大学教員になって「先生」と呼ばれることが当たり前のようになりました。学生が私を「先生」と呼ぶことに抵抗はありません。むしろ「さん」は変かもしれません。

しかし、師弟関係や上下関係のない同僚が互いに「先生」と呼び合うことについては、「どうかな」と思っています。なので親しい人には「先生と呼び合うのをやめませんか」と提案することにしています。私と同じ考えの教員は多いです。

一緒に飲み会などに参加するほど気心のしれた事務職員にも同じことを言います。しかし、「さん」付けを実践してくれる人はまずいません。教員と事務職員との関係はそういうものだそうです。

「先生」と呼ばれることが嫌なのは、この呼称を使った瞬間に序列や上下関係ができてしまう気がするからです。「先生」と呼び合っている限り、本音の議論はできないでしょう。大学改革が内部でなかなか進まない一つの理由は、「先生」と「先生」が、議論を戦わせるのでなく「意見交換」しているからではないかと私はかなりまじめに思っています。企業にいると、口角泡を飛ばす議論はままあります。

ＮＨＫのインタビューを見ていると、相手が医師や弁護士、大学教員の場合でも「さん」付けで呼んでいます。不必要におもねらないという方針が見えます。

確かに「先生」と呼ぶのは便利です。相手の名前が分からない場合や忘れた場合、不自然さがありません。しかし、自分のかかりつけの医師や師匠でもない人を「先生」と呼ぶことにはためらいが私にはあります。

私自身、年かさの半分にも満たない新任の同僚を「先生」と呼ぶ時、心にもないお世辞を言っているような気分になります。

ちなみに、教員になる前に私が勤めていた共同通信では社長と話す時も「さん」でした。社長も私を「さん」で呼びます。私はあらゆる学生を「さん」で呼びます。男子だからと言って「くん」付けで呼ぶことはしません。

一度だけ、「『先生』を止めよう」と持ちかけた相手から、「分かりました。でも、学生がいる前では『先生』にしませんか」と言われたことがあります。理由はよく分かりませんでした。

「先生」という呼称一つを取っても、大学と社会を考える切り口になりそうです。

「先生」が流通しているのは、教育業界以外では、医師と弁護士、政治家の世界でしょうか。

権威主義の名残りがあるのか、「とりあえず相手を先生と呼んでおけば、たたりはない」と適当にあしらっているのでしょう。「先生と呼ばれるほどばかでなし」のルーツを調べたくなります。

コラム 2　生徒と学生

大学教員に転職して間もないころ、ある教授が学生を「生徒」と呼んでいることが気になりました。大学に生徒はいない、「学生」のはずだ。ずっとそう思っていたからです。

最初は、この教員が言い間違えているのかと思いましたが、教授会などの会合でも繰り返し「生徒」と言っています。誰も不思議がっている風はなく、そのこと自体も奇妙に思ったものです。今では多くの教員が「生徒」と言っています。

当然のように、学生は自分たちのことを「生徒」と呼んでいます。

学生を「子供」呼ばわりする教員もいます。「その子（その学生）」「うちの子（自分のゼミ生）」と言っています。やはり気になります。私は「教え子」にもかすかな抵抗があります。自分では使いません。

私は極力、学生を「大人扱い」したいと思っているので、「その子」には違和感があります。しかし、本当のところ、大学生は大人か、それとも子供でしょうか？

今や、講義は「授業」に変わり、課題として出すレポートを「宿題」と呼ぶことは普通です。「予習」や「復習」も当たり前。中学や高校の「学校用語」が大学に堂々と押し寄せています。誰もが大学生になるユニバーサル化時代（第5章で扱います）の影響はここでも見られます。

そういえば「学者」はなくなり「研究者」に変わりました。「ほら、彼は学者だからさ」と噂《うわさ》するとき、お高く留まった人というニュアンスが込められます。「学問」という言葉も、大上段《だいじょうだん》に構えた「学問の府」という場合以外に聞かなくなりました。「研究する」と「勉強する」の差も微妙です。全体的にカジュアルになっている感じがします。

そういう私も出勤する際、家の者には、「大学に行く」と言わず、「学校に行く」と言っています。サラリーマンだった時は「会社に行く」と言っていたので、私の日常でも、「大学と学校の境目」はあいまいになっています。

第3章　志願者を増やせ

昔の経験や感覚で目の前の現象を判断すると間違います。

私は二五年間会社勤めをしたあと、二〇〇九年に大学教員に転じました。日本の大学は過去三〇年ほどの間に大きく変貌を遂げていました。もちろん、自分が学生だったときに持っていた大学像と教員になった立場の差はあるので、目に映る変貌ぶりも割り引く必要があるかもしれません。

大きな変化の一つは、多くの大学は志願者を増やすことに躍起になっていることです。かつて受験生が憧れを持って仰ぎ見た大学も、今では「来てもらえるよう」「選んでくれるよう」必死です。

大学の内部に長くいる人からすれば「何をいまさら」ということになるかもしれません。外から来た人間には、いつのまにか大学は大きく様変わりしていました。大学は何だか低姿勢になっているのです。

定員割れが怖い

大学の教員をしていると、勤め先の志願者が増えることを願うようになります。各大学は「志願者増の対策」に大きな努力をします。生き残りがかかっているからです。「定員が満たされれば、経営できるはず。ならば、定員ちょうどに収まるように学生を集めたらよいではないか」と思われるかもしれませんが、そんなことはありません。確かに受験生が増えると、その分受験料収入が増すので、財政的に好ましいですが、そのような目先のことではありません。

志願者が増えることは、定員に対して競争率が上がることを意味します。競争率が高いと入試成績の優秀な学生を合格させることができます。その分、大学の難易度、つまり各予備校が発表する偏差値が上がります。予備校の言う偏差値の高さは大学のブランド形成に直結するので、偏差値が高いと、翌年の応募者が増えるという好循環に向かいます。

これと反対に、志願者が少ないと合格基準が下がります。そうすると、ブランドが下がります。翌年の偏差値が下がるので、応募者が減るという悪循環に陥ります。

少子化による一八歳人口の減少にもかかわらず、大学の数が増えたために、定員割れ（入学者の数が定員を下回ること）を起こす大学があります。日本私立学校振興・共済事業団によると、二〇一九年度で、定員割れをしていた大学は全体の三三％で一九四校です（募集停止などを除く、全国五八七の私立大学が調査対象）。ちなみに、私立短大二九七校のうち定員割れがおきたのは二二八校の七六・八％といいます（共同通信社配信。二〇一九年八月九日）。

「定員割れ」が起きると、「あの大学は誰でも入れる」となって、一挙に偏差値が下がり、ブランドが下がり、「行きたい大学」でなくなります。定員割れが数年に渡って続くようであれば、廃校コースとなりそうです。だから、いかにして受験者（志願者）を集めるかが多くの大学にとって至上命題となるのです。このため、志願者を早めに押さえようとして、大学は高校生の「青田買い」に向かいます。ＡＯ入試や推薦入試などで、一般入試の前に高校生を合格させようとするケースが増えています。

人口は減るのに大学は増えた

一般的に「一世代」は三〇年を意味しますので、現在と三〇年前とを比べてみましょう。つまり、一九九〇年と二〇二〇年で大学の状況を比較します。三〇年の時を経て、大学（業界）は大きく変貌しました。

仮にあなたは五〇歳で、会社の人事部長であるとしましょう。家には高校生の息子か娘がいるとします。三〇年前に大学生だったあなたは、スマホを離そうとしない息子や娘の勉強ぶりをみて、「そんなのでは上位校にはいけないぞ」と言いそうになります。

あなたは会社で、入社面接でいろいろな学生と会います。自分の時と違って、彼らが受験生時代に「ガリ勉」をしていたようには見えないのではありませんか。でも、スマホ漬けの彼らもかつてあなたが仰ぎ見た難関校に在籍しているではありませんか。あなたの息子や娘だって、あの勉強ぶりなのに楽して一流大学に入っていませんか。

もちろん今でも、入試科目が多く、偏差値が高いトップ大学をみると、志願者のタイプは昔とそれほど変わらないと思います。「ガリ勉」という言葉が適切かどうか分かりませんが、とにかく「挑む」ように入試に向かう高校生は今もいますが、限定的です。三〇年の間に大きく変わりました。

データをみると、一九九〇年ごろ、入試を受ける一八歳の人口

平成時代の 18 歳人口、大学数、大学進学率

	1989 年（平成元年）	2018 年（平成 30 年）	増減
18 歳人口	193 万人	118 万人	41％減
大学数	499 校	782 校	1.6 倍
大学進学率	24.7％	54.67％（2019 年）	2.2 倍

出所：文科省データ（2019 年度学校基本調査）を基に筆者作成

が約二〇〇万人だったのに対して、三〇年たった今では四割減って一二〇万人を切っています。その間、大学の数は約五〇〇校から約七八〇校に増えています。実に一・五倍です。年間約一〇校ずつ増えたことになります。

では、なぜ、一八歳人口が急減する一方で、大学はこれだけ増えることができたのでしょうか。それは進学率が急激に伸びたためです。一九八九年の大学進学率は二四・七％でした。つまり、同世代の四分の一です。分かりやすいイメージでいうと、三〇年前は小学校のクラスの四人に一人しか大学に行かなかったということです。文部科学省が公表している二〇一九（令和元）年度の学校基本調査を見てみると、大学進学率は五四・六七％

18歳人口と4年制大学進学率の推移

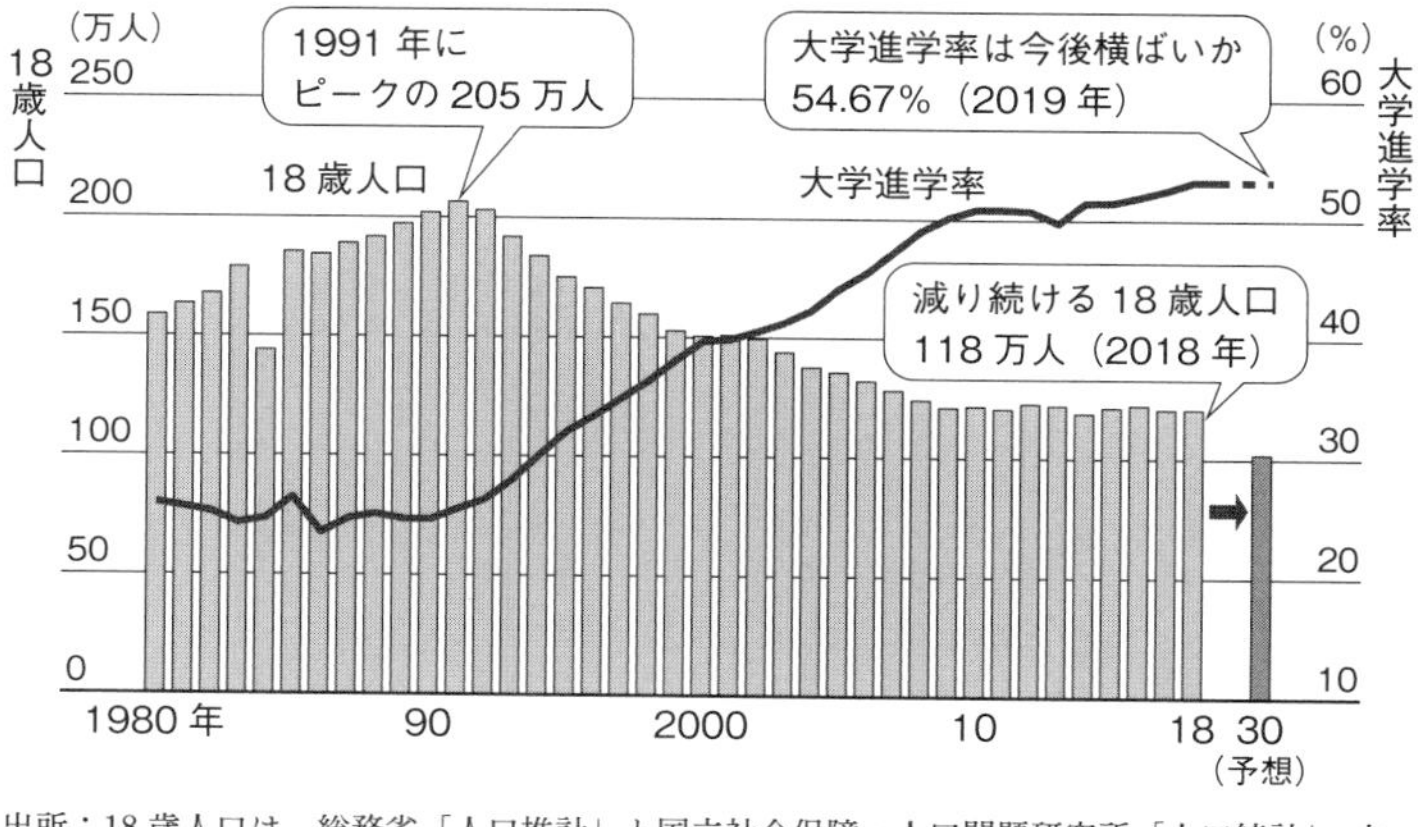

出所：18歳人口は、総務省「人口推計」と国立社会保障・人口問題研究所「人口統計」。大学進学率は文部科学省「学校基本調査」

（短大含む）です。今や一八歳であれば、過半数の人が大学に行くのです。小学校のクラスメートの半分以上が大学に進学するのです。

前のページのグラフをみれば、お話ししたことが分かりやすいと思います。一八歳人口について見ると、一九九一年における二〇五万人をピークに減少に転じています。今後も減少傾向で推移するものとみられ、二〇三〇年頃にはピーク時の半分まで減少するものと推計されます。

この先はどうなるでしょうか。最新の調査では、二〇一九年の出生数は八六万四〇〇〇人でした（厚生労働省の人口動態統計の速報値）。この年から一八年後つまり二〇三七年の一八歳人口を推測できます（死亡や外国人の帰化や日本人の国外への流出を考慮しない前提です）。少し前の予想では、日本の一八歳の人口は、二〇四〇年には九〇万人、その二〇六〇年には七〇万人などと言われましたが、人口減のペースがさらに早まるという説もあります。

短大が大学に生まれ変わる

平成の時代（一九八九―二〇一九年）に大学が増えたのは、人手不足の状態で、男女雇用機会均等法もでき、「これからは四年制大学の時代だ」と考えた学校（大学）の経営者が大勢いたのだと言われます。

数々の学校法人は、設置基準を細かく検討しながら、短期大学を四年制に作りなおし、専門学校を大学に改造することで、大学を新しく作りました。このため、短大は約二五年で二五〇校以上減りました。全国的にも知られた「名門短大」も含まれます。学習院女子短大、東京女子大短大部、東洋英和女学院短大などは、四年制の大学に生まれ変わりました。

短大が数を減らしたことと、大学が増えたことには密接な関係があることは次のページの表を見ると明らかです。

一方で、専門学校（専修学校）は、一九九五年の三五七三校をピークに緩やかに減り続け、二〇一八年には二八〇五校となりました。

短大や専門学校では、もともと経理系、看護系、福祉系、医療系分野などの専門職を養成したり、資格を取得させることで位置付けを明確化していました。こうした専門職の養成分野に大学が進出します。短大卒よりは大卒の方がイメージがよいということでしょうか。背景には、看護師の地位向上や待遇改善への期待もありました。結果、看護大学、福祉大学、医療大学が増えました。

実際、病院や福祉現場では採用時に「大卒」が有利になるという現実もあると聞きます。看護系などを志望する受験生は短大や専門学校より、大学を選ぶようになりました。看護系の学科を置いている大学は、一九九一年では一一校しかありませんでしたが、二〇一九年度では二七二校あります。定員も五五八人から二万四五二五人に増えました。

以上のようにみると、一九九〇年代前半から日本の一八歳人口が減り続けるなか、短大や専門学校が生まれ変わる形で大学が増えてきた状況が分かります。

同時進行して、従来の四年制大学も、学部や学科を増やしてきた流れと相俟《あいま》って、全体として、「減り続ける一八歳人口と、増え続ける大学」という一見したところ不思議な現象が現出するのです。

このため、大学と名のつくところは、どこも志願者を奪い合う状況ができました。

4年制大学と短大の数の推移

	大学数	短大数
1960年	245	280
1970年	382	479
1980年	446	517
1990年	507	593
2000年	649	572
2010年	778	395
2015年	779	346
2018年	782	331
2019年	786	326

出所：文科省統計要覧（令和2年版）から抜粋

ことぶき退社とクリスマスケーキ

ではなぜ、四年制大学への進学率が上がってきたのでしょうか。

よく言われるのが、昭和の後半に人々の間で広まった「中流意識」です。バブル経済のころ「一億総中流」という言葉もありました。経済成長に乗って「大学へ進学したい」という層が増えたのと、「大学へ進学できる余裕ができた」「社会全般（企業など）が大卒者を求めるようになった」からだとも言われます。

実際、大学卒と高校卒とでは、賃金体系が違うため、多少無理してでも大学に行く、という考えが広まりました。「皆が行くから、自分も」というムードが作られ、今に及んでいます。大学入学の「同調圧力」が強くなったということでしょう。

同時に、人手不足で困っていた産業界の意向と、男女平等意識の高まりもあります。女子の進学率が上昇するのです。私が共同通信に入社した次の年（一九八五年）に、男女雇用機会均等法が施行されました。企業が募集や採用、配置、昇進、福利厚生、定年、退職、解雇にあたり、性別を理由にした差別を禁止します。看護婦が「看護師」に、スチュワーデスが「客室乗務員」に名称変更されたのもこの法律の影響です。「キャリア・ウーマン」という和製英語がもてはやされたのもこのころです。

多くの女子高校生が四年制の大学を目指すようになりました。そのころまでは、女子が進学先に短期大学を選ぶことが普通でした。どの企業にも女子従業員には「短大枠」があったものです。短大と区別するために四年制大学を指す「四大（よんだい）」という言葉もありました。

大手企業が短大卒枠を設定していたのは、男子従業員とのマッチングのためだと言われます。バブル経済に至るまでの産業界が「行け行けドンドン」で活気づいていたころは、企業では、男子従業員を支える形での「家族ぐるみの会社への貢献」を女性従業員に対して暗に（実は割とはっきりと）求めていました。当時は（今も？）、「男は仕事、女は家庭」の時代ですから、公然と社内結婚が奨励されていました。会社の雰囲気や事情を知る女性が社内結婚をして今度は家庭を通して夫を支えることは会社にとって何かと都合がよいことと会社は思ったのでしょう。かつて所属した会社を今度は家庭から間接的にサポートする構造があったのです。

お茶くみや補助的な仕事をするために新卒で入社する女子従業員は二〇歳代半ばで「ことぶき退社」（結婚による退職）することが期待されていました。女性の年齢をクリスマスケーキにたとえる（二四までは飛ぶように売れるが、二六をすぎると売れ残るという意味）、今ならあり得ない言い回しが流通していた「昭和な時代」の断面が表れています。大手の商社や銀行、大学の研究室の補助スタッフを含めて、日本列島全域で企業や組織がそのようなアシスタント的な仕事する女性に依存していたのです。

コラム3 「分かりやすい授業」の行き先は？

学校や塾、予備校、カルチャーセンターでは、話し手には「分かりやすさ」が求められます。

私は長らく通信社記者をしていました。全国の新聞社や放送局が通信社の速報を待ちます。記事を書く場合には「速さ」「正確さ」という二律背反が求められます。併せて「分かりやすさ」が必須です。読者は、時間がないので一気に読み下すか、飛ばし読みをします。

なので、どの文章、どの部分をとっても「分かりやすさ」が重要です。読者が文章を行きつ戻りつし、「意味が取れない」となったら、記者の努力不足かもしれません。

さて、大学の授業も「分かりやすさ」が要求されます。授業アンケートでも「教員の説明は分かりやすかったか」「よく理解できたか」はお決まりの項目です。

しかし、と思います。「分かりやすい授業」とは、聞いていて頭の中で「つっかえなかった授業」「最後までうんうんとうなずきながら聞ける授業」ではないでしょうか。

「あれ？ おかしいな」と思うことが少ないのが「分かりやすい授業」であるように思います。

つまり、抵抗感なく、したがって「どうして？」と考えることなく前に進むのが「分かりやすい」良い授業となります。

私たちの住む世界は「なんだか分からないけど、すごい」「何度読んでも（聞いても）理解した気がしない」という現象に満ちています。「分かりやすさ」に従っていると、考えることで初めて到達できる世界に行けません。

便利なケーブルカーを頼っていては登山の喜びは得られないし、ケーブルカーのない山の頂上には一生到達できません。

自動車教習所なら「分かりやすさ」に徹するべきでしょう。でも、大学の授業となると、どうでしょうか。学生に「え？」という驚きと不安を与え、時には、謎や落とし穴、煙幕《えんまく》などの仕掛けを用意した授業も必要だと私は思います。

授業アンケートの「分かりやすかったか？」の項目、私にはウザいのです。

第4章　「インスタ映え」の時代に

受験生やその親の間で評判を高め、大学のイメージを向上させることを狙って大学側は競争しています。大学もイメージ戦略を重視するようになりました。ウェブサイトを訪れれば、どの大学も教室や実験室で、教員と男女学生が楽しそうに勉強や研究している風景が飛び込んで来ます。グローバル感を出すためか、「ヒジャブ」と呼ばれるスカーフで頭髪をおおうイスラムの女子学生や、髪や肌の色が違う留学生を強調している点が目立ちます。

日本の大学がこういう「インスタ映え」を狙うのは今に始まったことではありません。時計台に代表されるように、昔から大学はどこもデザインを凝らした建物で「大学」を演出しようとしてきました。

卒業写真、どこで撮る？

私が以前勤めていた横浜国立大学のキャンパスは、ゴルフ場の跡地を利用して作られたので、景観がうまく取り入れられています。ですが、入学式や卒業式のときに写真撮影をする際に、大学のシンボルとなるような時計台や講堂がないことを、大学は長い間気にかけていました。そこで正門付近に英語表記の大学名をデザインしたモニュメントを設置しました。今ではインスタ映えするデザインとして定着しました。

ところで、大学が競うように新聞広告に露出するのは大学の存在をアピールする必要があるためです。一人でも優秀な学生に来てほしいという思いは、すべての大学関係者の願いです。

大学は平成時代の新聞社にとって大口の広告顧客になりました。大学業界がれっきとした「産業」と位置付けられるようになったのだと思います（大学が産業であってよいのかどうかは議論が分かれるところですが、ここでは立ち入りません）。

すでに皆さんもお気づきでしょうが、日本全国どこでも空港や主要な駅では、大学のポスターや大学の宣伝を見かけます。ブランドイメージを築くために大学がメディアの中で露出することは、まったく珍しくなくなりました。

「選ぶ」から「選ばれる」時代へ

大学は直接、高校生やその親にメッセージを発信することにも熱心になりました。私が高校生だったときは、大学というところは来たい人が来るところであって、「安売りはしない」「降りていかない」姿勢が濃厚だったと思います。大学はどこか威圧的で「仰ぎ見られるところ」を自ら演出していたのでしょう。なので、大学の宣伝用のパンフレットはなかったに等しいです。

今、多くの大学は「(学生を) 選ぶ時代」から「(学生や親に) 選ばれる時代」になりました。大学が「選ばれる」努力をしていることの大きな表れとして、大学によるオープンキャンパスがあります。高校生やその保護者を呼び込んで大学をアピールする一日がかりのイベントです。オープンキャンパスは、大学のショーケースです。受験生やその親にとって、大学の実情に触れる場としてオープンキャンパスは花盛りです。

大学によっては、オープンキャンパスで周辺主要都市からキャンパスへの無料送迎バスを用意したり、学内食堂 (学食) で「試食」のための無料券を配布するところもあります。

東大や京大も実施しています。東大や京大は放っておいても優秀な学生が来る、だから「選ばれる努力」をする必要はない……のかと思ったら、もはやそういうことでもありません。グローバル時代を反映し、優秀な高校生は海外の大学に応募する時代となりました。東大や京大も、優秀な学生を呼び込みたいのです。

また、別の目的として、優秀な女子学生の囲い込みがあります。東大の女子学生の入学の割合がずっと二〇％と低いことが報じられることが多いです。実は、女子学生がわざと東大や京大を避けるのだそうです。日本のトップ校に女子が少ない理由については別の機会で論じたいと思います。

高校、予備校への営業も

大学教員が実際に高校に出向く機会が増えました。先々の高校で「出張講義」「出前講義」「模擬講義」など名称はいろいろですが、高校生が大学の講義を体験できるように、授業やセミナーの形で、大学教員が講義を行います。千葉大学名誉教授の斎藤恭一さんの『大学教授が、「研究だけ」していると思ったら、大間違いだ！』（イースト・プレス）には、予算獲得や研究室維持のために、志願者を増やすべく予備校に出前授業をする情景が書かれています。

出張授業の目的が何であれ、子供には、大学のリアルな姿をホンモノの「大学の先生」を通して知ってもらうことが必要です。後述しますが（第7章参照）、一〇代の若い人は、親や自分の先生以外の大人と話す機会が多くありません。「将来、どうしたいのか」「世の中にはどんな仕事があるのか」「大学で何が勉強できるのか」についてリアルな情報に触れてほしいと思います。

「グローバル時代の教養教育」をセールスポイントにする秋田県の国際教養大学を取材したことがあります。創立四─五年目のことです。短時間の間に、小規模ですが全国的に知られ、今では偏差値も高い大学です。

「関東圏でなく、地理的には不利なのに、創立前後にどうやって質の高い学生を獲得したのか」という問いに対して、応対してくれた事務職員が次のような答えをしてくれました。

「開校準備期、それに開校してから、これと思う全国の高校を全部、回りました。先生方に会って、優秀な生徒を送り込んでほしいと頼んだのです。もう説得するようなものです」

「何校くらい回ったのですか？」

「軽く五〇〇です」

日本には四七の都道府県がありますから、一県あたりを考えると驚くに当たらない数かもしれません。

実のところ、多くの大学が熱心に全国の高校に出向いてピーアールしています。大手の私立大学なら「軽く五〇〇」はむしろ少ないでしょう。

ところで、大学が学生を呼び込むことに必死のあまり、各大学の礎《いしずえ》となるはずの「建学の精神」や「理念」といった要素がやや軽視されているとしたら、それは嘆かわしいことです。「アドミッション・ポリシー」（六七ページ参照）が形骸化していることになります。アドミッション・ポリシーとは、入学者受け入れ方針のことです。大学の教育理念、目的、特色に応じて受験生に求める能力、適性などについての考え方をまとめたものです。

ＡＯ入試とは

いつのまにか、入試のあり方が大きく変わりました。二〇年以上前に大学を卒業した人にはこのことがピンと来ません。

今では、高校を終えた人が大学に入る、その入り方も多様になりました。机にかじりついて、勉強に明け暮れるという姿は必ずしも大学を目指す高校三年生の姿ではありません。

全国的に有名な大学であっても書類と面接だけで入れるようになりました。大学によっては半分以上の学生が、筆記試験を受けないで入ってきます。昔から、私立大学では、スポーツに秀でていると推薦枠があったことは知られていましたが、今では多くの高校生が「一発で決まる」筆記試験を回避して、大学に入学します。今の流行りは「ＡＯ入試」です。最近では、「総合型選抜」と呼ばれることもあります。

ＡＯ入試は大学の「アドミッション・オフィス」（Admission Office、アドミッションとは「入学許可」の意味）の頭文字をとった入試方法です。「アドミッション・ポリシー」（入学者受け入れの方針）に沿って、「大学として求める人物像」に合致する生徒を求めるやり方です。一発試験がない米国の大学では、ＡＯが学生の選抜を一手に掌握しています。ＡＯ入試の利点は、「建学の理念」や「大学の精神」に沿う学生を集めやすいという点にあります。推薦入試も同様です。

「ペーパー試験に強い人」というよりは、生徒の「人物像を重視する」ことを特徴とするのがＡＯ入試です。志望理由書、面接、小論文、グループディスカッションを課して、大学の求める人間かどうかを見極めます。教科ごとの学力試験がなく、受験者の高校の成績の基準も上位である必要はありません。

文科省によると、二〇一八年度入試でＡＯ入試を実施した大学は全体では七五・四％（入学者の割合九・七％）です。うち、国立六九・五％（入学者割合三・七％）、公立三三・七％（同二・八％）、私立八二・五％（同一一・四％）となっています。

ＡＯ入試は、後述する推薦入試と違って、高校からの推薦が必要なく、個人的に応募することができます。志望校も幅広い選択肢の中から選ぶことが可能です。ＡＯ入試は学力が最重視されるわけではありません。高校での学業成績に縛られずに希望先を決めることができるのが受験者側のメリットです。生徒会や部活動、校外の活動が盛んであれば有利だと言われます。

これが本当なら、ＡＯ入試の基本となるアドミッション・ポリシーもどこかに飛んで行き、単に筆記試験を回避する生徒や親が注目してしまいます。

実際、「ＡＯ入試でなら、あなたも突破できる」をキャッチコピーにＡＯ入試に特化した受験塾もあります。有名大学に合格した人の声として、次のような文言が目に入ります。「私は部活でダンスに打ち込んでいたので、受験のことなんて全く分かりませんでした。まさか難関大学にいけるなんて思ってもいませんでした」「英語だけでは大学受験は突破できそうになく困っていたところ、ＡＯに出会いました」。ＡＯ入試の特徴を表しているようです。

面接が得意な高校生

ＡＯ入試は通常、高校三年時の夏休み前に各大学で説明会が開催され、二学期に書類審査や面接が行われます。人物を重視するＡＯ入試は面接の回数が複数回ある場合もあります。大抵は一一月中に、遅くても年内に合格判定が得られます。

ＡＯや推薦で入ってくる生徒は、机にかじりついて勉強して入ってくる生徒ではないので、学力の程度はまちまちです。下手をすると、高校で当然学んでおくべき知識や教養がチェックされないまま大学に入ってきます。しかし、面接を重視するので、対人のやりとりが上手い人が有利だと言われます。

今どきの高校生は、ざっとした傾向で言うと、本も新聞も雑誌も読みません。勉強部屋に閉じこもってゲーム三昧、それを親が知らないだけ、というのはよくあることです。比較的早く、ＡＯや推薦入試で合格通知を受け取る生徒はその時点で、さらに勉強をしなくなります。弊害は大きいと思います。

大学生向けの塾「猫の手ゼミナール」の代表を務める渡邊峻さんは、ＡＯ入試がもたらすマイナス面を説明します。つまり、ＡＯで入ってくる生徒は、国語の問題集や過去問すら読まないので、文章に触れることがないまま大学生となる、と言うのです。

「数学や物理といった専門知識以前に、国語力に問題を抱えている学生がいます。大学の課題の小論文やリポートで、最初の一文を書けずに手が止まってしまうのです」と話しています（「国語を学ぶとは」『朝日新聞』二〇二〇年四月四日朝刊）。

もちろん、ＡＯ入試は、偏差値主義にまみれた入試から遠ざかるという意味で、良い面もあるのでしょう。しかし、面接を得意とする学生ばかりが合格するのも、どうかな、と思います。子供のころから様々な年齢の人と出会うような家庭で育った人は有利でしょう。

伝統を支えるのは内部進学者

推薦入試は、自分の高校の学校長に推薦されて受験する方法です。指定校推薦と公募推薦の二つに分類されます。指定校推薦は、大学側が指定する高校の生徒のみに出願資格がありますが、公募推薦は学校長に推薦さえされれば受験することが可能です。基本的に高校の成績に加えて、小論文と面接が課せられます。

私立大学の附属高校や高等部でエスカレーター式に内部から進学する場合も「推薦」入学と位置づけられます。したがって、推薦入学の件数は案外多く、文科省の調べでは私立大学の場合、実に全入学者の四二・六％（二〇一九年度）が推薦によって大学に入学します。

急にスポットライトが集まったAO入試に目が行きがちですが、系列の中高一貫校などの内部進学者の存在は無視できません。その学校の歴史や理念をよく知っている人が多く、大学が持つ独自の雰囲気や伝統は内部から推薦で入ってくる学生こそが維持していることが多いでしょう。校歌や応援歌をきちんと歌えるのは、やはり内部から上がってくる学生です。

また、キリスト教や仏教系の大学であれば、同じ宗派の高校の生徒を全国各地から推薦で迎える場合もあります。

推薦入試は、スポーツの有力選手のための枠としてかなり昔から私立大学で運用されていました。特定のスポーツに秀でた学生が活躍すると大学の知名度の向上に貢献するということとがあります。正月の駅伝の結果が志願者の増減に結びつくとよく言われますし、アメリカンフットボールの悪質タックル問題でブランドイメージを下げた大学もありました。スポーツは大学の広告塔の要素があるのでしょう。

しかし、今では、内部進学以外の推薦入試はかなり一般的になりました。選抜の基準は、学業やスポーツ、芸術分野など大学・高校が要求する特定分野の成績、調査書などで判断されます。

推薦入試も合格すると入学することが前提となるため（他の大学を受けない前提であるため）、大学側からすれば、入学者を早めに確保するメリットがあります。

コラム4　暗記型の学習、どこが悪い？

過去二〇年ほど、「ゆとり」を重視する教育が学校に導入されました。今もその延長線上にあるのか、「詰め込み教育」や、英単語を丸暗記したり、机に張り付いて勉強したりする「ガリ勉」は分が悪いようにみえます。

スマホ時代の今、教育の世界で「暗記」や「ガリ勉」が遠ざけられています。スマホがあれば何だって瞬時に正解が得られる、「記憶に頼るような勉強は必要はない」という人もいます。「それよりも考える力だ」と言うのです。

下手をすれば、英語の文法も、太陽系の惑星の並び方も、『平家物語』の出だしも、「知っているかどうかの問題でしょ。大したことではない」と言われかねません。

それでいいのでしょうか。

確かにスマホがあれば、用語検索できるでしょう。しかし、小惑星のことを知らないと、「はやぶさ2」の計画がなぜすごいのかを直観的に判断できないでしょう。英文法が叩き込まれていないと、自力で作文できません。日本の古典についてほんの少しの知識でもないと、日本人の死生観を他の人と共有できないのではないでしょうか。知っていることは大事だと私は思います。

頭の中の情報が私たちの個性を作るのではないか。多くを記憶し、多くを忘れるのでもかまいません。残った記憶、それが人の個性を作るのだと思います。

スマホは確かに強力なツールです。だけど、スマホに頼りすぎると永遠に振り回されます。考える出発点は、頭の中の知識にこそあると私は思います。そうした知識が複雑に融合しながら新たな知識や知恵を作るのではないでしょうか。子供のころの暗記には大きな意味があると言いたいです。

第5章　多様化に直面する大学

「今の大学生って、高校生みたいでしょ？　義務のようにして授業に来るもんね」

約一〇年前、それまで勤めた会社を辞めて大学の教員になりたてのころ、同い年の友人がこのように言いました。友人は二〇代後半で博士課程を修了して以来、ずっと大学の教員をしています。

私のように長い社会人生活のあと大学という空間に戻り、そこで授業をするとなると、「昔と違っている」「調子が違っている」と体感することは確かに多いです。

日本では、高校への進学率は九七％を超え、大学への進学率も全国平均で六〇％に近づいています。京都や関東域では七〇％に達する勢いです。社会学の研究者が大学について書いたものを読むと、大学の「ユニバーサル化」とか「大学は大衆化の段階にある」という言い方に出会います。大学は厳しい選抜試験をくぐり抜けた特権的なエリートのものでなく、高校と同じように、誰でも望めば入学できるというほどの意味です。米国の有名な学説に基づいています。

ユニバーサル化した大学で何が起きているのでしょうか。

「誰でも大学生」の時代が来た

「高等教育の大衆化」は、かなり以前から予言されていました。米国の教育社会学者のマーチン・トロウ（一九二六—二〇〇七）は、この大衆化を「ユニバーサル化」と呼びました。ここで言う「ユニバーサル」とは「一般的な。誰にでも及ぶ。普遍的な」という意味です。とりあえず「誰でも大学生になれる」という意味合いに理解してよいかと思います。

トロウの『高学歴社会の大学』（天野郁夫、喜多村和之訳、東京大学出版会、一九七六年）によると、大学などの高等教育は「エリート段階（就学率が一五％未満）→マス段階（五〇％未満）→ユニバーサル段階（五〇％以上）」へと、学生が増える（量的に拡大する）とともに、教育の目的、機能、内容、方法、選抜基準や組織特徴が「質的に変容する」と言います。次の表を見てください。

トロウの説を要約すると次のようになります。

高等教育制度の段階的移行にともなう変化の図式

高等教育制度の段階	エリート型 ➡	マス型 ➡	ユニバーサル型
高校からの進学率（該当年齢人口に占める大学在学率）	15%まで	15%から50%まで	50%以上
該当する社会（例）	英国、多くの欧州国	日本、カナダ、スウェーデンなど	米国
高等教育の機会	少数者の「特権」	相対的多数者の「権利」	万人の「義務」
大学進学の要件	制約的（家柄や才能）	準制約的（一定の制度化された資格）	開放的（個人の選択意思）
高等教育の目的観	人間形成・社会化	知識・技能の伝達	新しい広い経験の提供
高等教育の主要機能	エリート・支配階級の精神や性格の形成	専門化したエリート養成＋社会の指導者層の育成	産業社会に適応する全国民の育成
教育課程（カリキュラム）	高度に構造化（剛構造的）	構造化＋弾力化（柔構造的）	非構造的（段階的学習方式の崩壊）
主要な教育方法・手段	個人指導、師弟関係重視のチューター制、ゼミナール制	非個別的な多人数講義＋補助的ゼミ、科目積み上げ型	通信、TV、コンピューター、教育機器等の活用
学生の進学・就学パターン	中等教育修了後ストレートに大学進学、中断無く学習して学位取得、ドロップアウト率低い	中等教育後のノンストレート進学や一時的に社会人になるなど就学停止（ストップアウト）。ドロップアウトする者が増える	入学時期の遅れや成人、勤労学生の進学、職業経験者の再入学が激増する
特色	同質性（共通の高い基準をもった大学と専門分化した専門学校）	多様性（多様なレベルの水準をもつ高等教育機関、総合制教育機関の増加）	極度の多様性（共通の一定水準の喪失、スタンダードという考え方が疑問視される）
規模	学生数：2000－3000人（共通の学問共同体の成立）	学生、教職員の総数：３万－４万人（学問共同体であるよりは頭脳の都市となる）	学生数は無制限的（共通の学問共同体意識の消滅）
社会と大学との境界	明確な区分、閉じられた大学	相対的に希薄化、開かれた大学	境界区分の消滅、大学と社会の一体化
最終権力の所在と意思決定の主体	小規模のエリート集団	エリート集団＋利益集団＋政治集団	一般公衆
学生の選抜原理	中等教育での成績、または試験による選抜（能力主義）	能力主義＋個人の教育機会の均等化原理	万人のための教育保障＋集団としての達成水準の均等化
大学の管理者	アマチュアの大学人の兼任	専任化した大学人＋巨大な官僚スタッフ	管理専門職
大学の内部運営形態	長老教授による寡頭支配	長老教授＋若手教員や学生参加による「民主的」支配	学内コンセンサスの崩壊？学外者による支配？

出所：『高学歴社会の大学』（マーチン・トロウ著、天野郁夫、喜多村和之訳、東京大学出版会、1976年）の解説（p.194-195）より転載

《「マス段階」から「ユニバーサル段階」に到達することによって、高等教育の目的は「知識・技能の伝達」から「新しい広い経験の提供」に変わり、その主要な機能は「専門分化したエリート養成と社会の指導者層の育成」から「産業社会に貢献しうる国民の育成」に移行する》

《入学する学生の多様化によって、構造化された教育課程が、非構造的なカリキュラムに変わり、一年から二年、二年から三年という段階的学習方式を維持できなくなる》

《学生の選抜原理（日本でいうと入試）も、マス段階では一次元的な能力主義的な選抜と教育機会の個人の均等化原理であったが、ユニバーサル段階では万人のための教育保障をするために多様な選抜原理をとらざるをえなくなる》

《かつてのように厳しい能力主義的な選抜がなくなり（入試のハードルは下がり）、入学する学生が多様化する。その結果、高等教育機関の間ならびにその内部での多様性が増大し、カリキュラムや教授方法の変容を余儀なくされる》

有り体にいうと「大学がユニバーサル化する」とは「量的な拡大が質的な変化をもたらす」ことを意味し、次のような方向に展開します。

（1）誰でも大学にやって来るのだから、全体として学力の質は下がる。

（２）受け入れる大学の方も、これまで専門家を組織的、段階的に育てることをしていたが、それはできなくなる。
（３）あらゆる階層を受け入れるため選抜（入試）も多様化する。
（４）能力主義的な選抜がなくなるためカリキュラムや教育の方法も変わらざるを得ない。

米国の高等教育は一九六〇年代後半にユニバーサル段階に入りました。一般に高等教育機関とは四年制大学や短大や専門学校を含みます。これで行くと、日本の場合、一九七七年に大学・短大・高専・専門学校を併せた高等教育進学率が五〇％を超えて、ユニバーサル段階に入りました。大学だけに限れば、日本の大学への進学率は二〇〇九年に五〇％を超えました。

かつて高等教育とはエリート養成の場であったのです。日本でイメージとして分かりやすいのは戦前の旧制高校と帝国大学の時代はエリート段階であったでしょう。

文部科学省が公表している二〇一九（令和元）年度学校基本調査をみると、大学進学率は五四・六七％（短大含む）です。男子が五一・六三％で女子が五七・七七％です。女子が高く出ています。都道府県別でみると、京都が六九・〇九％でもっとも高く、続いて、東京（六九・五一％）、兵庫（六四・八八％）となります。大阪は、神奈川、広島に続いて六位です。

大学へ進学することはもはや「普通」のことであり、何か大きな志がなくても、選びさえしなければ、とりあえずどこかの大学には入れるというのが、ユニバーサル化です。トロウが予言したように、日本でも大学生の学力低下が言われ、これを象徴するように『分数ができない大学生』（岡部恒治、戸瀬信之、西村和雄編の書名。東洋経済新報社、一九九九年）が話題になりました。

化学式の H_2O が何を意味するか知らない学生が三分の一、英語の in front of が「〜の前に」を意味することを知らない学生が四―六割いる、そのような大学が複数あるのだそうです（苅谷剛彦『学力と階層』朝日文庫、二〇一二年、二八〇ページ）。

こういう事態を看過できないので、各界で大学生の学力の質、あるいは大学教育の質が問題視され、「大学改革」が言われるようになりました。

学生の質の低下が堂々と語られたため、高等教育の水準向上や質保証を目的とするルールができました。国公私立の大学・短大・高専はすべて七年以内ごとに第三者機関（大学評価・学位授与機構、大学基準協会などの外部団体）による「認証評価」を受けることが義務化されます。「適合」か「不適合」の評価を受けます。最近、いくつもの法科大学院が閉鎖に追い込まれました。これは第三者委員会によって「不適合」と評価されたからです。

トロウ説に従うと、ユニバーサル化段階の時代には、大学に進学することは、特権でなく、むしろ、「義務」に近づきます。日本では、高校進学は義務ではありませんが、限りなく義務教育の様相を呈しています（高校進学率は九七％に達しました）。それと同じことが大学進学に関しても現象として起きつつあるのです。

こう考えてみて下さい。一五歳前後の中学生に向かって、高校に行く理由を尋ねる人はあまりいないと思います。高校に進学するのは当然のことと考えられているからです。同じように、ユニバーサル段階では「なぜ、あなたは大学に行くのか」という問いはあまり投げられません。

全国でもっとも進学率の高い東京都や京都府では約七〇％の高校卒業生が大学に進学します。つまり、三〇％の人は大学進学を選びません。進学する人の理由よりも、進学しない人が表明する理由に説得力があるかもしれません。

苦悩する大学教授

ユニバーサル化の時代でも常にトップの志願者が入って来る難関大学の入試状況はあまり変わりません。しかし中間層（ボリュームゾーン）が集まる中堅校や上位校では、多くの教員が、「入学してくる学生の質の低下」を嘆きます。

東北域の伝統校である東北学院大学の片瀬一男教授の「ユニバーサル化した大学における教員の苦悩」（『東北学院大学教育研究所報告集』第七巻、二〇〇七年）という論考があります。

それによると、同大学全教員三〇九名を対象にしたアンケート調査を実施したところ、「授業における学生の問題」の調査項目で、圧倒的に多かった回答は「基礎学力がない」という選択肢だったそうです。約八〇％の教員が選択したと言います。次に多いのが「学習意欲がない」「学習の方法を知らない」でそれぞれ約五〇％です。

ユニバーサル化とは、学力がさまざまな大量の学生が大学に押し寄せることを意味します。各教科で、このような学生をどのように評価するのが現実的かということに多くの教員が悩んでいます。厳正に評価をすると、どの授業も多くの学生が「不合格」になってしまいます。だからかどうか、大学の講義で出席を取ることは普通になりました。「なんだ、まず大学側が学生を高校生のように扱うから、その結果学生が高校生のようになるのではないか」と言う人が出てきそうです。ニワトリと卵の関係かもしれません。

教員の立場からすれば、履修者を評価するときに「出席点は使える」という仕事上の理由があります。どういうことか。学生を課題レポートや筆記試験だけで、つまり、一発勝負で評価するのは至難の業です。S、A、B、Cの差を付けるのは簡単なようですが、実はそうではありません。成績を構成する採点要素が多いほど、教員は学生を評価しやすいのです。現実的なことを言うと、クレームが来た時に納得してもらいやすいという効用があります。今、どこの大学でも、学期ごとに、学生は成績（評価）について、制度上、教員に問い合わせることができます。

出席状況を積極的に把握するために、私立大学では、カードリーダー（出欠を確認する装置）を設置することが増えました。受講生が教室に入るときにプラスチックのＩＤカードをカードリーダーにタッチして出席を記録します。採点する側からすれば、受講生一人ひとりの出席状況が分や秒刻みで記録され、一目瞭然です。

カードリーダーも不正をしようと思えば簡単にできるので、私はあまり信用しません。教員になりたてのころ、おもしろさもあって、丹念にデータをチェックしていると、どうやら「代返」のように、友人のカードを代理でタッチする不正を発見してから、カードリーダーが嫌いになりました。

ところで、授業といっても、ゼミのように一〇人以下のものもあれば、一番大きな授業は三〇〇人が受講する階段教室のものもあります。概して、今どきの学生は出席します（だからと言って、ちゃんと聴いているかと言ったら、そうでもありません。コラム⑥〈教室の幽体離脱〉参照）。学生は教員の言うことに従順になりました。課題の提出物をサボる人は年々減っている気がします。

授業を欠席したら、頼んでもいないのに、翌週に医師の診断書を持ってくる人が増えました。

こういう現象ゆえに、「大学が高校化した」「学生が生徒化した」と言われます。私が学生だった一九七〇年代の後半では、少なくとも建前としては、「大学は大人社会」でした。授業の出欠も、単位を落とすのも、留年するのも全部自己責任。それで誰からも何も言われませんでした。当時の教員も学生の生態を知っていましたから、何も言いませんでした。語学や体育以外の科目では出席は取らなかったように記憶しています。

今では、成績書は学生の頭越しに親に届くし（一二一ページ参照）、保護者会があって親が大学とコミュニケーションを取っています（一二二ページ参照）。

高校生と大学生

出席状況以外にも、学生の「高校生化」は見て取れます。

大学論の著作がいくつもある竹内洋さんは、二〇一四年の時点で「いまの大学生は、高校生とみるとわかりやすい。授業にほぼ皆出席。先生、先生と寄ってくる」（『大衆の幻像』中央公論新社、二〇一四年）と指摘していますが、「少子化と定員割れの急増とそれへの恐怖から、お客様（学生さま）大学になっているところもある」と述べています。

第3章と第4章で、大学は学生獲得に熱心であると書きましたが、このことを裏付けるように、大学は、学生の取り合いに熱心なあまり、学生をお客のように扱うようになっているというのです。

ほとんどの大学は今、入学時の学生に「学習支援ハンドブック」を配布します。大学の理念や歴史を分かりやすく解説する一方で、「大学での学びとは」「レポートの書き方」「プレゼンテーション技法」「文献や情報の集め方」「図書館の使い方」「大学のコレクション展示」などを説明しています。一年生のうちに、クラス担任を設ける大学も増えました。大学生としての心構えや、勉学指導、病気やケガの対応、レポートの書き方、履修相談、各種資格の取得のための指導、就職指導など、ガイダンスやオリエンテーションの機会が設けられます。大学に入りたての学生がとまどわないように手取り足取り面倒をみるという姿勢が感じられます。

大学というところはさまざまな機能があるので、それらをあらかじめ知っておくことは必要だと私は思います。充実したオリエンテーションは絶対に必要です。私が学部生だったときの大学は不親切過ぎたと思います。

「大学は高校のようになった」「学生は生徒のようになった」とは、別の見方をすると、高校生と大学生の境が低くなったと言えそうです。

かつて大学生と高校生は、一見して違いが分かりました。「キャンパスファッション」がたしかに存在し、大学生向けの女性誌もありました。男子においても、高校生のはくスニーカーと大学生のそれとでは「格」が違っていたものです。私が大学生の時代は、高校生が大学生になるということには、大きな飛躍がありました。当時、大学生がバイトをするのは当たり前でしたが、多くの高校は校則としてバイトを禁じていました。「大学と高校は違う」「高校生は子供、大学生は大人」という考え方が普通でした。

しかし今では、キャンパスライフは高校生活のスムーズな延長線上にあります。大学によれば、AO入試などの総合型選抜で入って来る学生が過半数のところもあるくらいです。かつてのガリ勉を伴った「受験」が消え、一科目入試で誰でも大学に入れるなら、高校から大学への移行も飛躍というよりは年齢とともに環境が変わるだけの話なのかもしれません。

勉強しない大学生

ところが、大学で教える身として、「高校生化」「まじめ化」で気になることがあります。まじめに授業に来る学生が必ずしも自発的に勉強しないのです。

全国大学生活協同組合連合会（以下、生協）の調査を見ると、学生の読書時間は減少することこそあれ、増加しません。

調査結果では、「一日の読書時間『〇』分は四八％で、平均時間は三〇分と前年から大きく変化せず」とコメントしています。一日平均の読書時間は三〇・四分（文系三二・七分、理系三〇・〇分、医歯薬系二三・一分）です。また「〇分」は四八・一％で前年比プラス〇・一ポイントとなっています。

読書時間が少ないことをみると、大学の授業の出席率が上がったとしても、受け身の姿勢で、授業にはまじめに出席するものの、読書などをとおして自主的に勉強することは少なくなっていると言えそうです。つまり、まじめな高校生のように、「言われたことを義務としてやる生徒」的な学生の姿が浮かび上がってきます。

確かに学生を見ていると、生徒然とした学生ほど、勉強志向が強く、授業出席率も高いかなと感じます。学びのおもしろさから主体的に勉強に向かうというよりは、生徒のように言われたことをやる「まじめな勉強志向」があるのかもしれません。

１日の読書時間分布

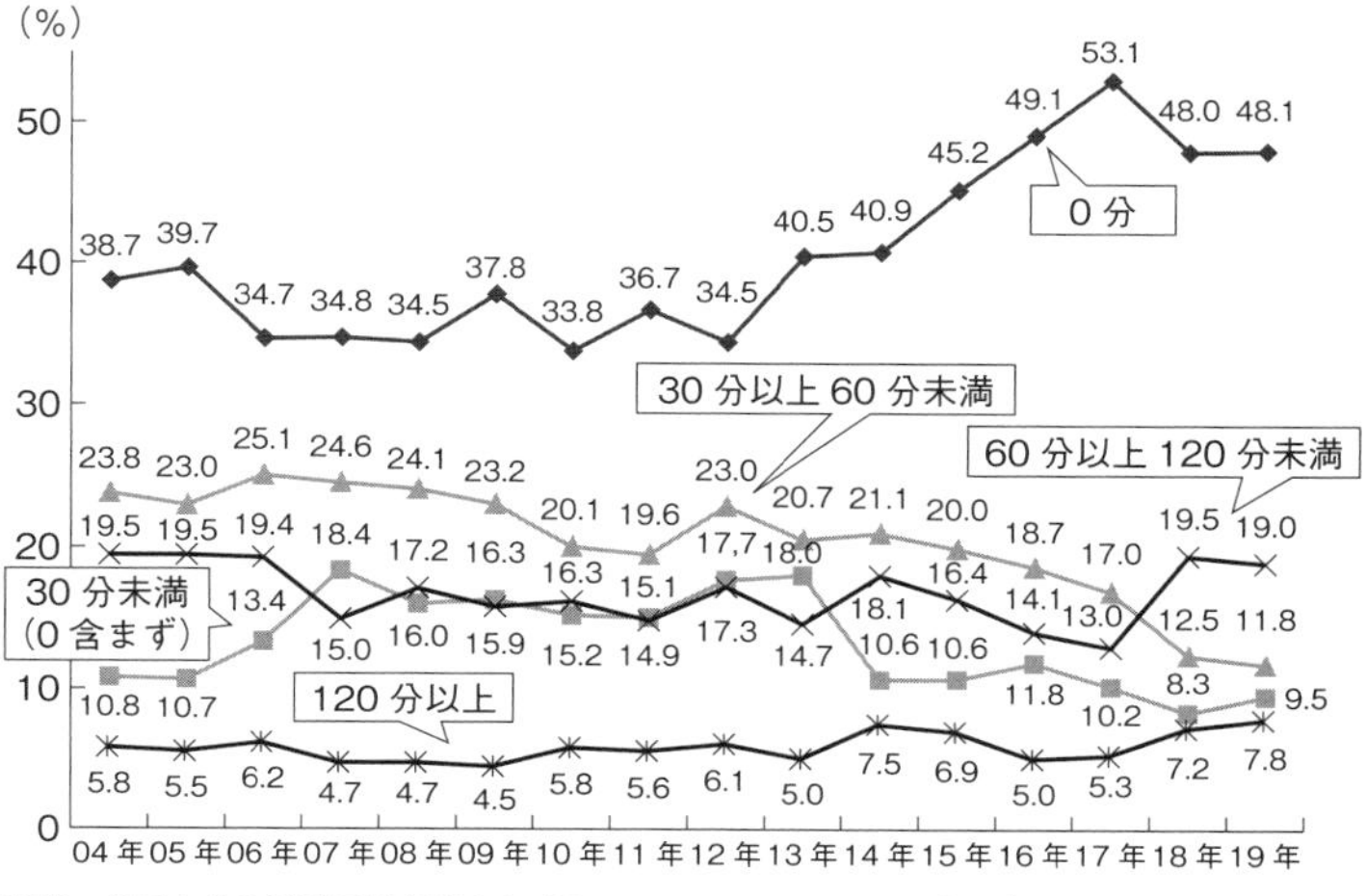

出所：全国大学生活協同組合連合会「Campus Life Data 2019」(p.18)

コロナ禍で「学力の差」?

そもそも、大学における教育は、高校までの教育の延長線上にあるものとして設計されていません。中学から高校に進学するときは、中学と高校との間の橋渡しは建前の上でもなされていますが、大学教育は高校までの教育と関係なくデザインされています。このため、「高大接続(高校と大学の接続)」という言葉は、大学の教育のあり方を議論する時に必ず登場するキーワードになっています。

実際、多くの大学教員、特に理工系で専門科目を扱う教員は、目の前の一年生の「高校卒業時の学力」が不十分なため、高等教育のスムーズなスタートを切らせることに苦労しています。

私は自分の授業で、成り行きから「宗教改革」や「コロンブスの米大陸到達」「フランス革命」に触れますが、それぞれの意義はもちろんのこと、順番すらちんぷんかんぷんという学生が本当に多いです。多くの同僚がこぼしますが、学生は高校で習った知識があるはず、という前提は成り立たないのです。

私は本当に不思議に思います。多くの生徒が塾に行ったり、それなりに時間を費やして勉強をしているはずなのに、中学で学ぶ歴史の基礎さえ、なぜ知らないのでしょうか。いかなる理由で、こういうことが起きるのでしょうか。わずか二—三科目の受験で入ってくるとしたら、その二―三科目以外は何もしないのでしょうか。

新型コロナウイルス感染で、一時期学校が一斉休校になりました。その時にさかんに、格差が生まれると言われました。しかし、はるか前から、初等中等教育の段階で、勉強について来られない生徒を置き去りにしてきています。そのことを多くの当事者の教員や教育委員会、文部行政に従事する人は知っていたはずです。落ちこぼれの生徒を「見て見ぬふり」をしてきています。

文科省をはじめとする教育界は、「学士の質保証」（大学卒業時の学業における最低限の力）を言いますが、大学に入る前の「高校卒業にまつわる質の保証」、その前の中学、小学校の教育の成果はどうなっているのかと思います。

リメディアル教育の重要性

このため、レポートの書き方や大学で教育を受けるための導入部となる「初年次教育」や学力不足を補うための「リメディアル教育」を実施する大学が増えて来ました。

「リメディアル教育」とは、ひと言でいえば「高校までの学習内容の補習」を指します。大学一年生のうちに、高校できちんと学ばなかった科目を学習する機会です。

リメディアル教育は必ずしも学力不足の学生を対象とするわけではなく、大学で専攻する学科に必要な科目を高校で習得していない場合に、新入生に新しく科目を教えることで必要となります。私立大学では入試科目が少ないので、入試科目として選択しなかった科目を高校で真剣に勉強していないということが普通にあります。

例えば、工学部の学生は多くの場合、物理や化学は必修ですが、これらを入試科目で選択せずに入学できる大学が存在します。また、医学部受験においても、入試で生物を選択しない学生がいたりするそうです。

日本では経済学は長い間、文科系の分野と思われてきました。私立大学では入試で数学を選ばないまま経済学部に進学する高校生がかなりいました。こういう学生に少なくとも、高校卒業程度の数学の学力を補習として教えるのもリメディアル教育の一環です。

もう一つリメディアル教育を実施させる理由として、大学入学に際してＡＯ入試や推薦入試で来た人への対応があります。大学での授業にキャッチアップするため、特別の補習が必要なのです。

大学によっては、高校や大手予備校の先生などを招いて微分や積分の手ほどきをしたり、生物を受験科目に選ばなかった、医学部を志す一年生に生物をおさらいすることもあります。

「成績通知書」が保護者に届く

今では、国公立大学も私立大学もほとんどのところが、学生の成績を郵送やオンラインで保護者（親）に通知しています。

誰でも希望すれば大学に入れるようになったため、大学としては「父母らと早めに連絡をとって留年や中退を防ぎたい」という狙いがありそうです。学業への取り組みが不熱心で留年や中退が増えることは、大学にとって良いことは何もありません。評判にかかわるし、他学生への「感染」が懸念されるからです。一方で「わが子の成績を知りたい」と望む親が増えています。

大学側からすれば、財源のほとんどは保護者からの納付金です。「最大のスポンサーである保護者に、大学は学生の就学や学習状況を通知する責任を負う」という考え方も成り立ちそうです。

親への成績通知は、あまり取りざたされる様子でもなく、当然のことと思われているようです。私が大学生の時にこういうことをされたら、「何も知らない親に勝手なことをしないでほしい。親が不安に思うだけじゃないか」と大学に文句を言っていたと思います。

「子離れができない親」と「親離れできない子」の関係が大学全体をうっすらと覆っているようです。

例えば学生の住民票です。親の扶養家族のままにして親元を離れて暮らしている学生がけっこう多いです。彼らは世帯主ではないから、選挙区は地元にあります。投票年齢に達しているのに、選挙に関心のない学生が多く生まれています。新型コロナウイルスの影響で、全国一律一〇万円給付（「特別定額給付金」）がありましたが、世帯主である親もとに振り込まれたはずです。

保護者会で情報交換

興味深いことに、過去一〇年ほどの間に、多くの大学が保護者会（父母会、保証人会などの名称もある）を持つようになりました。定期会報も配布されており、大学は学生の保護者に向かって自らを開こうとしています。

「大学に保護者会？　やり過ぎでは」という声が聞こえて来そうです。「甘やかしすぎ」と嘆いて見せる人もいるかもしれません。

ですが、昔から大学の入学式や卒業式に臨席する親は多かったではありませんか。私も保護者会の存在を初めて聞いたときは「え？」と思いましたが、ユニバーサル化の時代に大学に保護者会があっても不思議はないと思うようになりました。

私の子供のころと違って、親と子供の距離はかなり近いです。少子化もあり、親は子供にエネルギーを注ぎます。小さい時から塾に入れ、ずっと大学入試に備えてきたとしたら、大学生の息子、娘は自分の「作品の完成形」かもしれません。その考え方に私は必ずしも与しませんが、そのように漠然とでも感じている親御さんが多いことは理解できます。子供が属している大学との接点がほしいと思うのは自然な欲求かもしれません。

昔の親は、学費は負担していても、単位が取れているか、留年しないかなどは本人任せであったように思います。学生である娘や息子のことに関心はあったでしょう。ですが、ないそぶりをすることが多くの親の姿勢だったように思います。

今では、親が学校と連携を取ることが普通になりました。親とのコミュニケーションを円滑に図る場として、保護者会が役割を果たしています。

「保護者会ランキング」

今の時代、教員は学生に強くでることができなくなりました。教室で一人の学生を叱責することはできません。そんなことをすると、親が大学に文句を言ってくるかもしれません。教員が大学の事務室から呼び出されることが現実に起きています。大学は学生の父母に対して相当に気を使っています。

私の勤め先の大学にも、保護者会があり、カラー印刷の会報冊子が送られています。研究室の紹介やサークルのこと、同窓生との交流風景など等身大の大学の様子を伝えています。親はキャンパスに足を運ばなくても、各学部の教員のメッセージや全国から集まる学生の風景を知ることができます。保護者への広報サービスが必要なのはむしろ当たり前と私は思うようになりました。

また、親同士が意見交換する場としても重要で、大学にすれば、親を通じて学生の意見を聞くチャンネルでもあります。大学が遠隔にある場合なら、今どきの両親にとっては、保護者会で得られる情報は貴重です。

『大学ランキング』（朝日新聞出版）には、「保護者会ランキング」の項目があります。二〇二一年版によると、関西大学は二〇一九年に開催された保護者向けイベントで計一万三〇〇〇人の参加があったそうです。中央大学では全国五四支部で父母懇談会が開催され、「企業担当者・卒業生等による就職アドバイス」というプログラムで、地方自治体や地方銀行の人事や採用担当者による講演会が行われました。

理科大では、大学の同窓会組織と連携して、キャリア面の支援をしています。「大学は同窓生、現役生、教職員、保護者という大きな共同体だ」という考え方は自然のように思います。多様なネットワークをもつ大きなコミュニティーですので、新しい時代の大学像を考えるときに保護者会のあり方もさまざまに論じられて当然かもしれません。「保護者会」というネーミングに抵抗を持つ人がいたとしたら、この共同体を表す別の名前があってもよいでしょう。

大学での人間関係の悩み相談に乗り、学生の生活に気を配り、欠席が増えると保護者に連絡、成績も保護者に通知、さらに就職も支援するという「面倒見のよさ」が現在の大学の大きな特徴です。大学は大きく変化しているのです。

どうする、学生の「心の病」

「大学のユニバーサル化」という時代は、社会を構成する、より多様な人が大学に来ることを意味します。学生選抜のハードルが下がったために、学生もずいぶん多様になりました。多様な背景を持った人を受け入れようとする「インクルーシブ教育」がようやく大学でも検討されはじめました。

各大学は、さまざまな障害を抱えた学生をどのように受け入れ、どのように支援しようかと模索しています。多くの教員が手探り状態でいるのは、「心の病《やまい》」を含む発達障害や精神疾患の学生への対処についてです。メンタルヘルスへの配慮はどの大学にとっても重要課題です。不安障害やうつ病の増加は誰もが気に留めるべき現象ではないでしょうか。これは、過去においても同じような状況があったのに、今は医療が発達したことで見つかっている場合もあります。

診断されて初めてアスペルガー症候群と認定される場合もあれば、疾病を認定されないまま、本人もそのことを知らないまま、大人として一般企業に勤めているケースもあると聞きます。結婚して何年も連れ添った相手が、実はアスペルガーだったということもあります。

私は長い間会社勤めをしていたので、職場におけるメンタルヘルスの重要性については早い段階から認識はありました。現実に何らかの心の病を患っている人のことは職場でそれとなく共有されていました。

大学には、会社よりもはるかに多様な人が集まります。残念ながら、学生の一人ひとりについて注意を向けることは困難です。とはいえ現実に、学生の中に何らかの心の病を持っている人はいます。病とまでは言わなくても、「時間に合わせて行動すること」「知らない人の間にいること」「愛想よくすること」「礼儀正しく振る舞うこと」「目と目を合わせて会話すること」「我慢をすること」などが苦手という人はいます。

私がよく遭遇するケースは、大人数のクラスで、講義中なのに黙ったまま教室を退出する学生の行動です。「トイレに行ったのかな」とも思うのですが、見ていると必ずしもそういう雰囲気ではありません。大勢の中にいるとストレスを感じている可能性はあります。そういう学生にいちいち声をかけることはしません。他の学生に大きな迷惑がかからない限り、そのままにしています（それがいいのかどうか私には分かりません）。

ユニバーサル化した時代であれば、大学として、いわゆる「ニート」や「引きこもり」への対応を用意することが役割としてあると思います。日本の大学とはこれまで、均一的な年齢層の人（一八―二二歳）が集まるところ、就職する前に来るところ、四年間滞在するところと見なされていましたが、変わる時期に来ていると思います。大学は特定の年齢の人が集まるところだという固定観念が、ニートや引きこもりを生んでいた可能性があると私は考えています。この考え方の延長線上に立って、大学やそれ以前の高校で、生徒や学生のメンタルヘルスについては十分な知見が必要とされるでしょう。

誰かに相談する力を

各大学は、二〇一六年に施行された「障害者差別解消法」に基づき精神疾患や発達障害などを抱える学生に対してさまざまな「合理的配慮」や支援をしています。合理的配慮とは、例えば、「障害を補う機器の利用（ヘッドホンや授業の録画）」「出席不足を補うレポートなどの特別課題の実施」「履修登録などの事務的手続きの個別指導」などが相当します。

仮に、自分のクラスを受講している学生の中に障害を持った人がいる場合、当の本人が大学に診断書を届けていれば、事務室から「あなたのクラスに、障害を持った学生がいる。ついては、教室での特別の配慮を願う」という趣旨の書面が教員に送られてきます。

私も非常勤講師をしている都内の大学から通知をもらったことがあります。こういう通知を受け取ることで、「なるほど」と安心できます。ですが、これは全体のほんの一部分に過ぎないと思います。実際は、ある学生が何らかの障害を抱えているのか、そうでないのか、全然分かりません。単なる怠慢と病《やまい》の差は認識しにくい。読字障害、難読症などのディスレクシア（学習障害）は表面的には分かりませんし、多動性障害（ＡＤＨＤ）も軽微であれば気づきません。

学生が障害を抱えていることを教員が知らないと、当該学生のことを誤解したまま一学期が終わってしまいます。授業評価にも影響します。

障害をもった学生にすれば、大学に一度は事情を届けているにもかかわらず、教員のほうで横の連携がないまま、必要なケアがなされていないと感じる場合もあるらしいです。逆に、連絡が行き届きすぎると、自分はいつも監視されていると感じるかもしれません。解は一つではないのが、悩ましいところです。

私が出席したメンタルヘルスに関する学内セミナー（ＦＤ＝教員研修）で、教員からこんな質問が出ました。

「メンタル疾患を持った学生を支援しなさい、ということは分かります。しかし、それは、授業における学業達成の評価をするときにも、手心を加えるのが良いということでしょうか。評価基準を下げなさいということでしょうか」

これに対して、セミナー主催者は、「明快な答えを持っていない」と返答したあと、「それを含めて大学の運営として考えなければならない、むしろ、どうすれば良いと考えるか」と現場の判断に任された格好になりました。

人数が少ないクラスなら、やりようがあると思います。ですが、一〇〇人を超えるような大型の授業で、メンタル疾患や障害を抱えた学生の扱いは難しいでしょう。教員にメンタルヘルスの知識がないと、学生をきちんとケアすることは至難の技です。

ところで、二〇二〇年の新型コロナウイルス感染症の影響で、大学でもオンライン授業が一般的になりました。何がしかの心の病を感じている人で、オンラインの授業であればこそ、授業に参加しやすいという学生はいます。今後、オンライン授業の利点を採り入れた教授法が大学の中で発展するに違いありません。

ユニバーサル化した大学とは、さまざまな課題や障害を抱えた人が集まってくる場所でもあります。それは、必ずしも見た目には分からないかもしれません。ですが、知ろうとする努力が必要でしょう。

同時に、今どきの学生は困ったことがあってもうまく表現できないかもしれません。誰だって一時的であれ精神的に不調に陥ります。そんな時に「誰かに相談する」ことで乗り切れることは多い。だとすれば、「誰かに相談する力」を身につけることが大切です。学生だけでなく、教職員の大人についても言えることだと私は思います。

生涯賃金の格差が五五〇〇万円

ユニバーサル化の時代、不本意ながらも学生が大学に来る理由は一体何なのでしょうか。多くの親がなぜ子供を大学に行かせたがるのでしょうか。端的には、生涯賃金の差があるように思います。大卒の給料とそれ以外の給料の賃金格差です。それと社会に出た時に選べる仕事の選択の幅が広いこと、また生活スタイルの差などから逆算すると、「どうやら大学に行く方がよいのでは」という消極的ではあるが、強力なインセンティブがありそうです。

『日経ビジネス』誌（二〇一九年八月一二日号）は、『学歴分断社会』（ちくま新書、二〇〇九年）の著者である吉川徹教授のチームの調査に基づいて、大学卒と非大学卒との違いについてコンパクトにまとめています。

まず、吉川教授のチームは、職業を、教員や税理士などの「専門職」ほか、「管理職」「事務職」「販売職」「ブルーカラー・農業」「無職」に分け、大卒者と非大卒者がどんな仕事に就いているか比較する調査を実施しました。

調査では、大卒と非大卒の違いとして、若年大卒者で最も多いのは専門職（三六・一％）で、事務職（二二・五％）、ブルーカラー・農業（二〇・六％）、販売職（一六・九％）が続き、無職の比率は二・五％でした。一方、非大卒者では、ブルーカラー・農業（六四・三％）が最多で、事務職（一二・六％）、販売職（九・三％）、専門職（七・九％）と続き、無職は五％となったそうです。

賃金についても次のような実態が浮き彫りになっています。

職種が違えば当然ながら賃金も変わります。厚労省賃金構造基本統計調査（二〇一八年）によると、二五―二九歳の高卒者の平均年収は三五六万円ですが、大卒者（院卒含む）は四三三万円となっています。さらに、大卒者と非大卒者の生涯年収の差は約五五〇〇万円という調査結果がでています。

また、大卒者と非大卒者では、働き始めてから暮らす場所にも違いがあるようです。高校卒業者の平均の県内就職率は約八割。すなわち、一〇人の高卒者がいれば八人は地元で職を見つけているという調査結果が出ています。

結婚についてみると、大卒者は大卒者と、非大卒者は非大卒者と結婚する傾向が強いと言います。

さらに「大卒者同士」の家庭の子供は大卒者に、「非大卒者同士」の家庭の子供は非大卒者になる確率が高いという調査結果も出ています（前述の『日経ビジネス』二八ページ）。

何が問題か、との問い掛けに、吉川教授は「人口の半分を占める非大卒者が労働・雇用条件などで不当に不利な扱いを受けがちなこと」と指摘しています。

親が子供を大学に送りたがる理由の一つは、このような現象を、肌で感じているからではないでしょうか。

コラム 5　授業中の野球帽

デザイン系の大学で出前講義をしたことがあります。その大学は礼儀作法に厳しく、授業が始まるときに「起立、礼、着席」の挨拶で始まります。

しかし、授業が始まるとすぐ、一番前の男子学生が、開始の挨拶では脱いでいた野球帽を取り出してかぶるではありませんか。

ふだん私の授業では、初日に、いろんな注意事項を学生に伝えます。例えば、「遅刻二回で欠席にする」「私語はご法度」「机にふせって寝るな（姿勢を正したままだったら、ＯＫです）」「飲料はいいが、飲食は禁止」などです。

その中で、数年前まで「野球帽はだめ」ということにしていました。今では注意事項から外しました。野球帽はファッションの一部かもしれないというリベラルな（?）見方を受け入れたのです。誰かの迷惑にならないのなら、「ま、いいか」ぐらいの気分です。

「教室の野球帽」を嫌がる教員はいます。「どうしているのですか?」と聞いたら、「野球帽の学生を見たらね、明るく、『その帽子、取ろうか（ぬごうか）』と注意喚起するようにしている。深追いはしない」

「効果は？」

「たいてい、あ、取るの忘れてた、という感じでさっと脱いでくれるよ」

大昔にロサンゼルスの大学に留学していたとき、現地のクラスメートから教わったことがあります。「教室の前の方に野球帽をかぶっている学生が多ければ、それは楽勝科目だ。先生は厳しくないよ」

本場でも、ベースボールキャップには隠れた意味があるのですね。

第6章　忖度する大学生

新年すぐに始まる入試の季節、大学教員は試験監督をします。

「これから本人確認します。マスクを外してください」

監督者の私たちはマニュアル通りに受験生に告げます。

「解答開始」「はい、鉛筆を置いて」「これから鉛筆、消しゴムを持っていると不正行為とみなします」

監督をしながら受験生を観察します。例外なくまじめな人たちです。多少突っ張った感じの人も、この日だけは借りて来たネコのようです。

一心不乱に試験に向かっている姿は、感動ものです。お守りを兼ねてか、親に借りた腕時計を机上に置いてる学生もいます。

「よくぞここまで育ったね」「ご家族などまわりの人もえらかったたね」と思います。試験が終わるころになれば、会場の外には寒い中、試験終了を心配そうに待っている親御さんの姿があります。

しかし、受験が終わり、入学して数か月もたたないうちに、借りて来たネコに見えた学生が変容します。

夏休みが終わって秋の学期が始まるころ、一年生の多くが「スレて」行きます。安きに流れ、部活の先輩や仲間から「楽勝科目」情報を得て、「単位さえ取れたらいいや」とばかり、要領に走ります。熱心に授業に向き合う学生は減少して行きます。

大学生は勉強しなくなります。

小学生より少ない勉強時間

入試が終わると「勉強」が日課の中から消えて行くのでしょうか。勉強する姿勢は入試時をピークに、その後は机に向かう時間が大幅に減ります。

全国大学生協が実施している実態調査（Campus Life Data 2019, 全国大学生活共同組合連合二〇二〇年二月）によると、大学生の授業以外の一週間の勉強時間は、文系学生として一番多い四年生で二六〇分、理系で四九〇分です。これをそれぞれ五日で割ると、一日あたり文系が五〇分強、理系が九〇分強となります。

大学生の勉強に当てる時間を国内の小学校・中学校・高校の児童や生徒と比較してみましょう。次のページの上のグラフをご覧ください。これは、総務省が出している『明日への統計』というブックレットの二〇一五年版から引用しました。一日のうちどれくらいの時間を学業（学校での授業、予習や復習、宿題など）に使っているかをグラフにしたものです。平日の学校での授業や学校の宿題などの時間は、大学生が最も短いことが分かります。

中学三年生がもっともたくさん勉強に時間を当てており、一日六・五時間ほどです。次いで高校三年生と小学生（一〇歳以上）です。大学生は一日平均約四・五時間。小学生よりも短いのです。

日本の大学生は米国の大学生と比較しても、勉強時間が少ないことが分かります。次のページの下のグラフをみてください。

これは、一週間の「授業に関連する学習時間」につい

大学生の授業以外の１週間の勉強時間

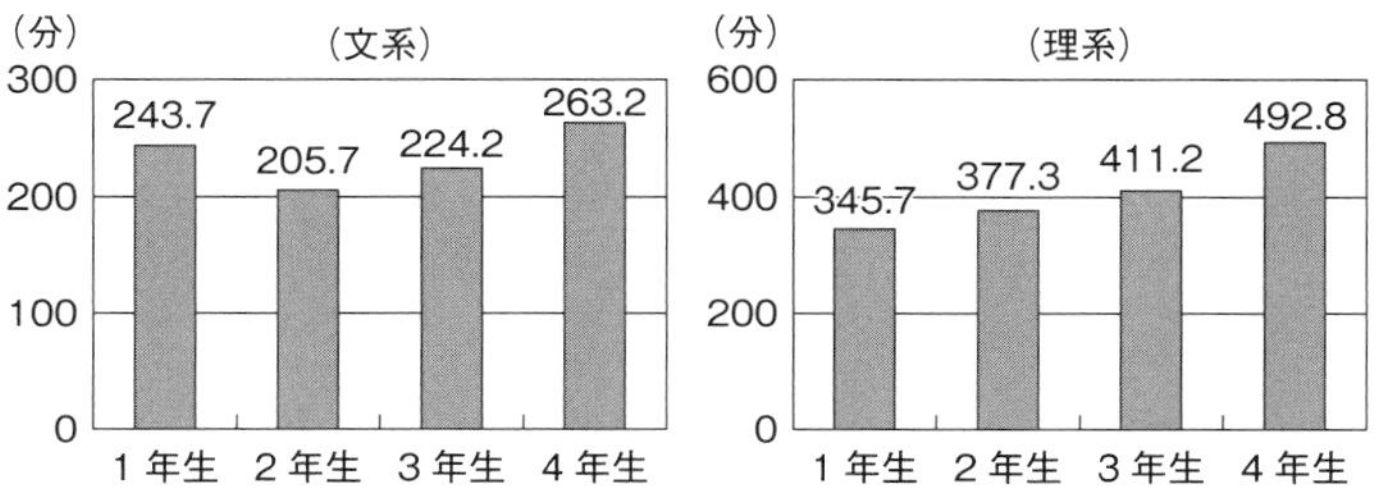

出所：全国大学生活協同組合連合会「Campus Life Data 2019」（p.34）

在学する学校の種類、行動の種類別総平均時間　平日、在学者(平成23年)

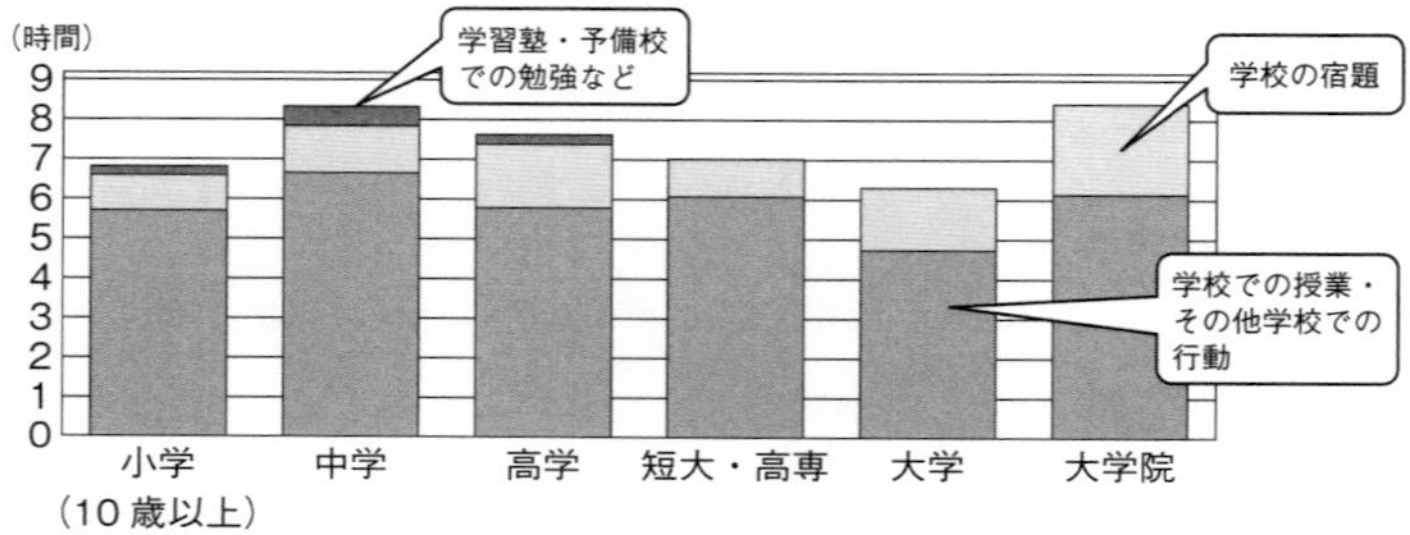

出所：『明日への統計 2015』(総務省)

授業に関連する学修の時間（1週間あたり）　日米の大学1年生の比較

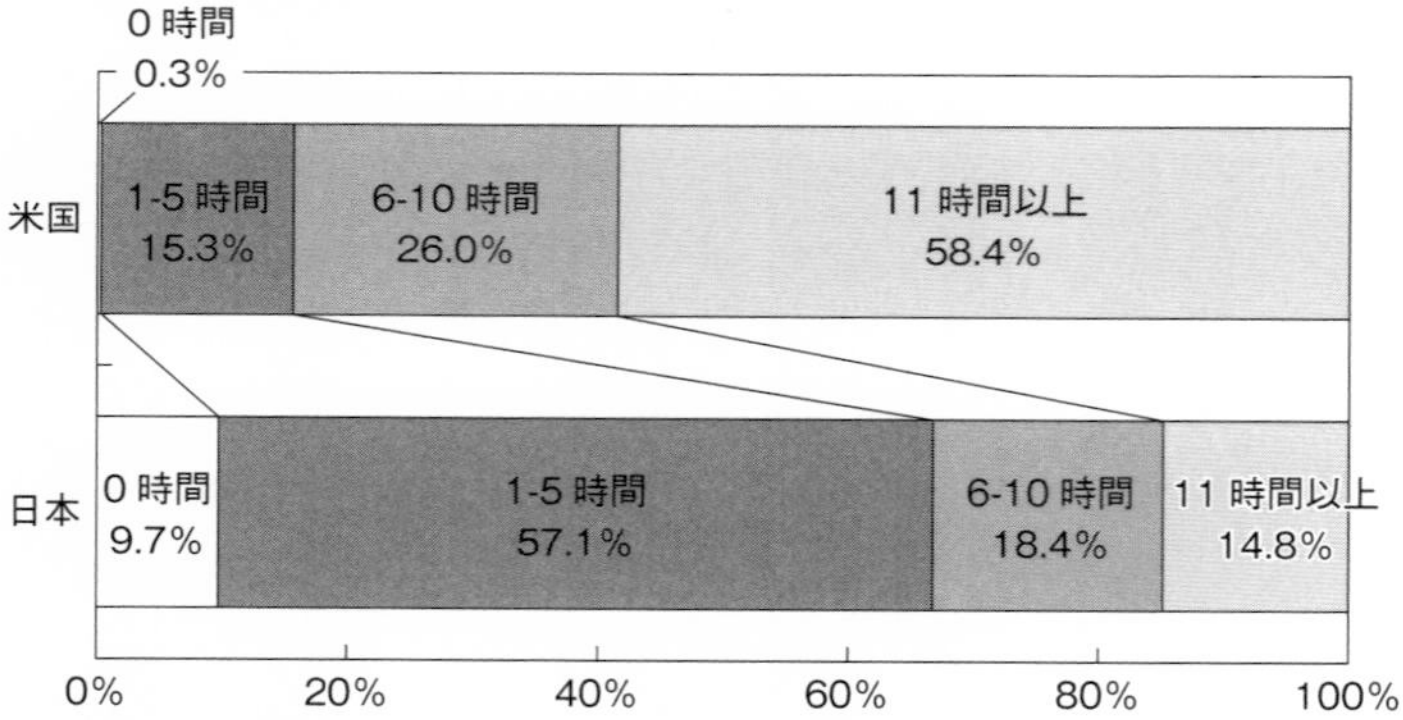

出所：東京大学 大学経営政策研究センター（CRUMP）『全国大学生調査』2007年

て、日本と米国の大学生を比較したものです。

日本の大学生の場合、最も多いのが「一―五時間」で五七％、次に「六―一〇時間」で一八％です。もはや私は驚きませんが「〇時間」の人も一割近くいます。これでみると、全体の八五％が一週間に一一時間以下の勉強時間ということになります。

対する米国の大学生ですが、日本とは異なり、「〇時間」の人はあまりいません。また、日本で多数派の一一時間以下しか勉強していない人は米国では約四割ですので、全体から見ると少数派です。

やりたいことが分からない

大学生とは勉強するもの、というのが建前です。しかし、現実は違っています。なぜ、勉強しないのでしょうか。データを見なくても、彼らの様子を見ていて分かることがいくつかあります。

第一に、やりたいことが分からず、どうしてよいか分からない。

卒業後は専門の勉強を継続して研究者になる、弁護士になる、医師になるなど専門職に進む人、つまり卒業後に「どうなりたいか」というキャリア意識が濃厚であれば、勉強に邁進《まいしん》するはずです。しかし多くの学生は、自発的な「学び」のために大学に来ているわけではありません。第4章でみた、「ユニバーサル化」の時代です。大学に行くのは当たり前という風潮の中にあっては、中学を出たら高校に進学するように、高校を卒業したらとにかく大学に来るのでしょう。

第二に、大学一年生は意外にも「授業」で忙しいということがあります。高校生の時と違って多くの大学では、学生は取りたい科目を自分で選びます。そうすると、一年生や二年生のうちになるべく多く取ろうとする。三年生や四年生になったときに、自由な時間をもって就活に専念する、あるいはバイト人生やダブルスクールに精を出そうという魂胆《こんたん》のようです。

所属する学部や学科にもよりますが、普通の一年生は半期（前期、または後期。標準的に週一度の九〇分授業で一五週間）のうちに最低でも一〇科目履修します。中には一五科目登録する人もいます。

このような履修の仕方は米国の大学にはありません。米国では、前期・後期のセメスター制の場合、一学期あたりの履修科目数は多くて五科目です。少ない科目を集中的に勉強することが求められているのです。四年間のカリキュラムはそうやってデザインされています。

日本の大学の授業はたいてい週に一回なのに対して、米国の大学ではそれぞれの科目は週に二回ないし三回の授業（「月・水」とか「月・水・金」というように）があります。ハーバード大学でも一〇〇―二〇〇人が学ぶ大教室授業はあります。しかし、その場合かならず、T

Ａ（ティーチング・アシスタント＝担当教授の助手）による少人数クラスに別れて、大教室の教授の授業を補う形でコース（科目履修）が進行します。大教室で質問しにくい場合は、このＴＡが教授に代わって、きめ細かい指導をするのです。日本の大学でもＴＡを設けている大学はありますが、せいぜい、大教室で出席カードを配ったり、教授が用意した資料をコピーするなど、大学院生のバイトとなっています。

米国の大学では「とにかく予習すること」が求められるのに対して、日本では概して、「講義に出て、聴いていればよい」という授業（講義）が多いです。「能動的な学習を求める」米国の大学と「受動的な姿勢を許す」日本の大学の違いがここにみて取れます。

第三に、これにバイトや部活（サークル活動）が加わります。バイトしない学生は、余裕のある自宅通学の学生に多いように思います。ユニバーサル化時代には、かつてなら財政状況ゆえに大学への進学を断念した人も、「せめて大学くらいは」という風潮に押されて大学進学を選びます。ところが、先立つものがないために、バイトが授業に優先させざるを得ない学生が増えています。

おとなしい人の出番

教室で学生を相手にしていて、「空気が重い」と感じることがあります。質問を投げかけた瞬間です。ほとんどすべての学生が、私と視線を合わせるのを避けて、一瞬でうつ向きます。当てられて、口を開くのがいやなのです。「目立ちたくない」ということが大きいでしょう。

それは別にしても、学生は概しておとなしい。このことが気になります。

どうして？　おとなしい人は性格の問題だ、立ち入ることはしないほうがいい、放っておけばよいのではないか、と思われるかもしれません。

たしかにこれまでは、おとなしいキャラクターは、学校でそれなりの役割は担っていたでしょう。にぎやかな生徒（学生）と控えめな生徒がいて、活発な生徒とおとなしい生徒がいる。それで、クラス運営も学芸会も運動会も回ってきた、ということですね。

「皆が皆、にぎやかだったら、それでは集団がうまく回らないではないか」「おとなしいからといって、何か不利益があるのか。物静かであることは個性ではないか」ということもよく耳にします。そのとおりでしょう。

しかし、今後もそれでいいのかな、と思います。

会社での仕事にしても、これまでは黙々と書類やパソコンを相手にする作業がありました。

しかし、そういう一人で完結する仕事はなくなっていくように思います。生身の人間を相手にすることのない仕事を得意とする人工知能（ＡＩ）は、「おとなしい人」「無口な人」の仕事を奪っていきはしないでしょうか。黙々と土をこねたり、蕎麦を打つ職人の世界は別にしても、今後は「おとなしい人は会社の仕事には向かない」かもしれません。

そう言うと、企業に入って、研究者の道があるではないかという人がいます。おとなしい人はまじめであることが多いし（実は、そんなことはない）、黙々と資料や実験に向かう研究に向いているのでは、という想像をするのです。しかし、研究者は、チームワークで動きます。設備や機械作業がともなう実験系の仕事は間違いなく、対話する力、ものを言う力、プレゼンする力が必須です。

大学の教員になる場合は、もっと大変です。話さない人が毎日のように、大教室で二〇〇人の学生を相手に講義することができるでしょうか。

おとなしい人に仕事上のどんな出番があるのか、考えてみることは必要だと思います。

教室では、たいていの場合、座席の指定はないので、どこに座ってもかまいません。早いもの勝ちです。おとなしい人は、いやいやクラスに来る人、内職（授業内容と関係ない他の教科の宿題など）をしたい人、やる気のない人と同様に、たいていは中ほどか、後方に座ります。

授業中は彼らは質問も発言もしません。「話さない」ということを決め込んで座っているようなものです。この点、内職をしている学生は、取り繕う必要があるので、当てると、的外れでも何か言います。

しかし、おとなしい人はやっかいです。当てると何か言いますが、声が小さいので、近くまでいかなければなりません。今どき教員が前の方から「聞こえません、もう少し大きな声で」と繰り返し指示すると、それが圧迫感を与え、下手すればハラスメントになるかもしれず、声が聞こえない場合、こちらから出向かざるを得ません。私は教室では、動物園のクマのように歩き回ってしゃべっているので、学生のところまで普通に歩み寄っていきます。

すぐそばまで言って話しても、おとなしい学生が何を言っているか分からないことがあります。そうした声の小さい消極的な学生の共通点として、文末が消えます。

しかし、このような学生の成績はどうかというと、必ずしも悪くないのです。試験の解答をみると、「お、ちゃんと分かっている」とひとまずは安心します。

決して理想の学生像ではありませんが、教員としても、成績上は問題ないので放っておいてしまいます。おそらく、この学生が高校生だったときも同じ状況だったのだと思います。いるのかいないのか分からない。休憩時間でも友だちと群れることもない。でも、成績が悪くなかったので、先生からもノーマークだったのかもしれません。

成果が出ない

おとなしい学生はどこにもいます。皆さんも、ご自分が小学生や中学生だったときのことを思い出してみてください。理科の実験や家庭科での共同作業、学芸会や体育の団体活動で、そこにいるのだが、決して存在を出さないようにしていた子供がいたと思います。

児童や生徒、学生は次のようなタイプに大別できるように思います。

①いつも堂々と中心にいて発言する人。

②その取り巻きの人。

③沈黙しがちな（余分なことは話さない）人。

④沈黙を決め込む（聞かれてもつぶやくようにしか話さない。語尾が消える）人。

この中の③と④が、私のいう「おとなしい学生（生徒、児童を含む）」です。

私の小学生時代を思い起こすと、本当にいるのかどうか分からないような、存在感の希薄な「もの言わぬ」子供がクラスにいました。

さて、時おり教室で数人ずつに分かれて、グループディスカッションをしてもらいますが、活発な人がいるグループと、そうでない人が集まったグループとでは、違いは見事に現れます。①や②のタイプが多い集団は、すぐに盛り上がります。わいわいがやがやと楽しそうです。自然とリーダー役の人が出て、全体をまとめます。成果を出しやすいです。

しかし、③と④の人だけが集まるグループでは、誰かが音頭を取るわけでもないので、何も起きません。

教室を歩き回る私が沈黙するチームに話のきっかけになるように水を向けると、不承不承、ポツリポツリと一人が話し始め、二人目が何か言います。それを見届けて、私も席を離れますが、しばらくしてまた戻ると、案の定、そのグループでは誰も何も話しません。何の成果も出ません。課題に応えられないので、そのこと自体について責任を感じてほしいですが、「他人と話す」ことができない学生はやはりいます。もしかして、ある種の病《やまい》なのかもしれず、あまり強引に誘導することも躊躇《ちゅうちょ》してしまいます。

就活でコミュ力が重視される理由

多くのおとなしい学生は子供のころから、おとなしかっただろうと思います。ということは、彼らは大学を出た後も、もの言わぬ「おとなしい社会人」「無口な人」になる可能性が高いです。

効率優先の時代、下世話な言い方をすると、おとなしい人は仕事面で損をするように思います。沈黙しがちな人は何を考えているか分からず、相手に負担をかけやすいからです。

今、企業が学生に求める能力として、主体性やコミュニケーション力が上位項目に来ます（二四二ページ参照）。いずれも対話や情報交換を上手に行うことが基本となります。時代状況の変化が激しい時に、企業の仕事内容は急に変わることがあります。コミュニケーション力が高ければ、従業員をどんな仕事に配置しても、うまくやって行けると、企業が信じているからだと思います。

本当は、おとなしい人こそ正しい意見を持っている場合があります。他方で、よくしゃべる政治家の論理が小学生にでも分かるくらい破綻していることも多いです。

内弁慶？　ダメでしょ

そうは言っても、人は「おとなしい」「寡黙だ」という状況から脱却できるのでしょうか。私は、①のタイプではなかったから、グループディスカッションが盛り上がらない事情やメカニズムはよく分かります。「①のようになれ」と言われても、どうしようもありません。そもそも、「おとなしい」は性格に属することだから、簡単に変えられるものではありません。

私がどれほど「おとなしい子供」だったかというと、小学校の低中学年までは、決して大人と話すことができませんでした。何かの拍子に発話すると、「あ、この子、しゃべった」

と言われたことは数え切れません。

とはいえ、「性格です」ということに居直ることもどうかと思っていました。「内弁慶《うちべんけい》」という言葉は、おとなしい状態に安住することに対する批判の言葉だと思います。「内弁慶」と評されることは避けたいという気持ちもありました。

私は、メディアの世界に長くおり、記者という「人と会うことが仕事」となりましたが、長い社会人生活の中で、「おとなしい」からは脱却する方向を模索したと思います。場数《ばかず》を踏みながら、適度な社交性を身に付ける努力はしました。成果は他人の評価に任せたいところですが、自分のことを「本来は引っ込み思案です。今でも誰とも話したくないことが多い」というと驚かれます。

一体、大学生にどうやって「おとなしい人」から脱却させればよいのでしょうか。場数を踏ませ、「内弁慶はだめだ」と思ってもらうように何とか「気づき」を与えたいのです。

社交的な学生の「不都合な真実」

他方で、学生のミニディスカッションを見ていて、ふっと発見したことがあります。実は、「よく話す」「ものおじしない」①や②のタイプの人間にも問題があります。愛想が良く、そつなくコミュニケーションができているように見える学生に弱点があるのです。

先ほども述べましたが、大教室では概して、学生は後方に座りたがります。後ろから座席が埋まり、前の半分がスカスカ状態のこともあります。傾向として、消極的な学生ほど端や後ろに座りたがるものです。

一方で、どんな授業でも、教壇のすぐ近くに座り、教員の言うことを熱心に聴く積極的な学生がいます。教員の講義にうなずきながら聞いてくれるのだから、励みになります。近いから当てやすいし、当てても、必ず何か答えてくれます。その場で「教員と学生との友好関係」ができるようなものです。教員も人の子、切れば血も出ます。フレンドリーな学生を受け入れやすいものです。

しかし、いざ筆記試験をすると、思わぬ事実に直面するものです。一列目や二列目でやる気を見せる学生の点数が必ずしもよくないのです。

実はこの現象を、多くの教員が経験していいます。教員は、自分に友好的に接してくれる学生を身近に思い、距離を置きたがる学生は敬遠したくなります。だから、教員に好印象を与える「社交的な」学生が必ずしも授業内容を理解していない「不都合な真実」に遭遇すると、がっかりします。もっとも、これは極端な事例です。現実には概して、前方に座る学生が、後方の学生よりも、試験では良い点を取っています。

会社でも類似の現象があります。会社は必ずしも、業務を黙々とこなす「仕事人」だけでできているのではありません。職場の雰囲気を大事にする「ムードメーカー」の存在も必要です。大抵の従業員はこの両極のどこかに位置するでしょう。だからチームワークで動く職場の部長やチームリーダーはいつも、書類作業をきちんとこなす寡黙な「仕事人」と、書類作業は不得意だが職場の働きやすさを演出する「ムードメーカー」をバランスよく配置することに気を使うものです。

ところで、私の経験からしても、「センセ、センセ」と慕ってくる学生が、必ずしも就活でうまく行きません。企業は志願者の社交的な面を重要視する一方で、手堅く仕事をするかどうかをきちんと見ています。当たり前の話ですが。

ウワべだけの社交性はすぐに見抜かれて「お調子もの」「ちゃらいやつ」で片付けられる危険性もあります。ベテランの採用担当なら、社交的な学生が持つ「不都合な真実」を知っています。

他方で、おとなしい人が持つ潜在的なパワーを引き出す努力は必要でしょう。『内向型人間のすごい力——静かな人が世界を変える』(スーザン・ケイン著、講談社+α文庫、二〇一五年。原題は *Quiet*) という本に出会いました。ケインさんによると、アイデアを出し合う時に活発に議論することでは必ずしも最良の答えが得られない、なぜなら口達者の人たちが議論を牛耳るからだと言います。

各種の会合や会議、ミーティングでは、結局は話のうまい人が話を誘導してしまう危険がありますす。おとなしい人が発言に手間取ったり、躊躇したり、沈黙してしまうために、ベストの結論が得られていないのかもしれません。話し合いでリードしがちな人は、絶えず、おとなしい人を気にかけることは、これまたリーダーシップ上、必要な力でしょう。

とはいえ、現実の世界は、どこも「声高《こわだか》民主主義」です。言わないと理解されません。意に反して沈黙し続けたり、誰かが指名してくれないかなと他人に依存したりすることは、できれば避けるべき、とこの歳になって思います。おとなしい人も努力してほしいと思います。コミュ力とは、「自分の意見をきちんと確立し、発言することで、自分のことを認識してもらい、他者を動かす力（スキル＝技術）」を指すと思います。料理やスキー、ピアノ演奏のように、獲得して得られるスキルであるかもしれません。

「だから、こう思う」がない文章

成績評価のために学生にレポートを提出させます。私は必ず「とにかくおもしろい答案を歓迎します」「あっと驚くような大ウソをついてかまわない」「大胆な考えを」「意表をつくものをぜひ」「画期的な答案にはSをつける」と学生を励まします。

大教室の授業だと、一つのクラスだけで一五〇枚も二〇〇枚も読まなければなりません。

苦痛な仕事です。けれど、新しいアイデアやヒントが出てくるかもしれません。「へえ、こんなこと考えるんだ」「お、いいこと言うねえ」と思う答案に出会うととてもうれしいです。教員という仕事の喜びとはこういうものでしょう。しかし、大半はウェブページからコピペしたものを散りばめて無難にまとめています。消化試合をしているようなものです。挑戦する気迫は見られません。

著作権の授業の課題で、次の問題を出したことがあります。「著作権ルールのある今日の芸術作品と著作権ルールがなかった時代の作品とを比べて決定的な違いはあるか。ホメロス、紫式部、シェイクスピアやベートーヴェンなどの人名を入れて、自分の思うところを述べよ」

そうすると学生は、『英雄アキレウスの怒り』『光源氏と藤壺』『守銭奴シャイロックの嘆き』『遺書を書いたが死ねなかった作曲家』など適当な文言をネットで見つけてきて、コピペするか、それを改変して字数をかせぎます。無難に体裁を整えようとします。何が言いたいのか分かりません。「こんなこと思いついた、すごいでしょ」「先生を圧倒してやろう」「先生の説に反論しよう」という思いを込めることがありません。

教員になったころ、目の前の答案を一枚ずつ読んでは「書き手の主張がない」「考えないのかな」とため息をつきながら大きくペケを付けていましたが、途中からいやになって、こんな風に自分に言い聞かせるようになったものです。「これは、奇抜な考えを問うているわけではない。『自分の思うところ』が書かれているなら、受け取るしかない」

概して「だから、私は、こう思う」「私の主張はこうだ」がないのです。結論をごまかそうとするので、全体がふらついた文章になってしまいます。

学生も子供も忖度する

だけど、学生の育って来た過程を冷静に考えてみると、彼らに同情する余地が大いにあります。どういうことか。彼らは堂々と自分の意見を述べることが必ずしも「得策ではない」と思っているかもしれないのです。

こういうことです。

彼らは小中高を通じて、何度も「あなたの意見を述べよ」と言われてきているはずです。ところが、本当のことを言っても、結局は先生に「うん、良い意見だね。でも、もうちょっと、こう考えたらどうかな」「なるほど、反対意見の人のことも考えないとね」と、やんわり否定されたり、諭《さと》されたりして、「意見を言ったのに」先生の受けが良くなかったことを何度も経験してきているかもしれません。

「尖った意見は言わない方がよい」

無意識のうちに、学生（生徒）は、先生に「忖度する」のが無難だということを経験上、学び取っているのではないでしょうか。

小学校の低学年の授業風景を時々、テレビで見ることがあります。競うようにして、「センセ、はい、はい」と手を挙げています。理想のような授業です。

しかし、年齢が上がるにつれて、子供たちは手を挙げなくなります。大学に来る頃には、日本では「手を挙げない」ことが標準のようになります。

もちろん、子供は年かさが増すにつれてシャイになっていくものだということは理解できます。しかし、「手を挙げない」「沈黙を守る」に傾くその理由を考えた方がよいと私は思います。

行楽シーズンのニュースで見られる、子供へのインタビューにもこのことがよく表れています。レポーターが、帰省先から帰ってきた子供にむかって「どうでしたか？」と尋ねると、作ったように「楽しかった」「うれしかった」としか言わないつまらない子供が本当に多い。役割を「消化」しているに過ぎません。

ぺらぺらしゃべるなと親から注意されるのでしょうか。大人に忖度する子供を見るようです。

反対に、同様のインタビューに対して、いなかのおじいちゃんやおばあちゃんと一緒に「カエルを取った」とか「たき火をした」とか遊んだ経験を具体的に述べて、表情豊かにしゃべる子供がいます。「ああ、のびのび育っている」「家の雰囲気がそうなのだろうな」と思ったりします。忖度がない生《なま》の姿にうれしくなります。

「考えない」習慣

私の受け持っているのは教養科目なので、一年生が登録していることが多いです。つまり、ほんの数か月まえまで高校生だった人たちです。

大学入試では多くの場合、「自分の考え」や「独創的な発想」「個人のセンス」を表現する力が問われることはあまりありません。また、自分の考えを持つことと、それをきちんと記述することの間には距離があるので、レポート課題の成果だけで、「学生が考えない」と断じるのは早計《そうけい》かもしれません。

中途半端に受験に強い高校では、生徒が勉強することの意味は、入試科目の得点を上げることであって、「自分の考え」「私の感じ方」は脇にやられています。大学の入試問題を点検してみると、たしかに、おのれの考え、独自の思想を問うものはあまりないように思います。そういう問題で採点基準を作るのは大変だからです。

少しきつい言い方をすると、この国で大学を受けようとする多くの一八―一九歳の男女は、自分の考えを述べる力、記述する力は後回しになるのではないかと思ってしまいます。数学の問題でも、独創的な解法が期待されているわけではなさそうです。

昔から「できる問題から解いていけ。難しいものは後で」というのが試験を受ける時の鉄則です。限られた時間内で、試験に向かうということばかりやっていると、「自分の考えを醸成《じょうせい》する」「じっくり考える」ことはできません。試験に出ないものは、やらなくてもよいという考え方に毒される危険はありそうです。

「お父さん、会社で意見言っている?」

私が高校生の時にはすでに「自分の考えを述べなさい」「これからは個性教育だ」「人と違うことをやれ」とは言われていましたし、多くの私立学校では、これらのことが教育理念だったり、守るべきモットーとして掲げられたりしています。少なくとも「右と言われたら右、左と言われれば左」という軍隊方式は、多くの学校では全否定されているでしょう、建前の上では。

だけど本気で「個性教育」や「自分の考え」を追求した指導がされている学校ばかりかと言ったらそんなことはなさそうです。教室やクラブ活動、生徒会など、子供が話し合う場面はたくさんありますが、本当に子供たちが考えて、その考えを主張しているのか、気になります。

先生を含め、大人は言います、「自分の考えが大事だ」と。ですが、その先生方は、職員会議で自分の考えや意見をきちんと表明しているのでしょうか。お父さんやお母さんは会社の会議で自分が正しいと思ったことをきちんと言っているのでしょうか。

おそらく、子供は、大人のそうした二枚舌（ダブルスタンダード）に早くから気づいています。

まして、今の時代は一人っ子の家庭が多い。子供同士が意見を戦わせないまま育ちます。今どきの子供の環境であれば、塾やサッカー、野球など、同じ方向を向いている子供たちが多い環境で育つので衝突が起きにくいという面があるかもしれません。

そこへ来て、大学受験という、ストップウォッチ片手に、必ず解のある問題を解く技術の向上に明け暮れるならば、考える力や自分の意見を主張する機会はもしかしたら、ほとんどないかもしれません。

まして、疑問や質問があれば、考える前に、キーワード検索でスマホに向かう時代です。「そんなことはない、人間なら誰だって考えるよ」と思ったりしますが、本当にそうでしょうか。

金田一秀穂さんの方法

「考える」ことは簡単ではありません。エネルギーの要ることです。なので、私たちはものやレベルによって「考える」ことを避けます。

例えば、昨日まで一緒にいた仲間が、今日は私によそよそしい態度を取った（ように見えた）とします。なぜか？

当人に聞いてよいのかどうか。自分の言動が影響しているのか。相手の機嫌がたまたま悪かったのか。病気になったのか。歯が痛かったのか。家庭で何かあったのか。誰かから、私のことについて何かの情報が吹き込まれたのか。

こういうことは「考える」ことの初歩的なことです。だから、学校を出ていようがいまいが、これについては「考え」ます。同僚の表情を一瞬見ただけでも、さまざまな「考え」が頭をよぎります。そこから、正しい答えに遭遇し、それで行動を起こし、違ったらまた考える、ということが起きます。

考える対象が、このように自分の生活の中の現象であったり、自分が住んでいるマンションのゴミ出しの問題であったり、子供の学校で起きた他の子供のいじめの問題であったり、自分の仕事先のトラブルであれば、これまた、「考え」ます。多くの場合、「解」があるからです。

しかし、世の中には「解のない」、あるいは「解のなさそうな問題」があります。

言語学者の金田一秀穂さんは、講演で次のような問題を出席者に問いかけていて、とてもおもしろいと思いました（NHKラジオ「文化講演会」二〇二〇年五月一七日）。日本人の多くは、「未来は前にあり、過去は後に置いて来たもの」と漠然と考えている。しかし、未来のことを話す時に「後で話しましょう」「この後、お時間ありますか」と言います。「後」が出てきます。過去については、「おととい会ったよね。その前、いつだっけ？」「それ、半年も前の話じゃないかか」となります。「前」が出てきます。「先」は未来か、過去か。「先の心配は先でする」という場合、「先」は未来ですが、「先ほどいただきました」「さっき（先）、言ったよね」は過去を表します。

未来と過去について、前と後との組み合わせが入れ替わるのはなぜか？　金田一さんによると、この問題には言語学上、解はないのだそうです。したがって、なぜそうなるかを「考えてみる」ことが大事だと言います。考える過程で、言語のこと、時間に対する概念、言語の時制、コミュニケーション、社会通念などさまざまなことが頭をよぎります。ふだんからこれを自問しておくと、ある時にさっと地平が開けるかもしれません。

この時点で、「考えること」にトライする人と、あきらめる人の差は出てきそうです。

遠くで起きた自然災害や原発の問題、生命倫理の問題となると、個々人の関心によって、考えたり、考えなかったりします。このレベルになると、私たちは考えることの労力を惜しんだり、面倒くさいと思うあまり、考えることを放棄し、先送りする場合があります。

さらに、政治や行政、経済の問題など、自分の今日の利害に関わらないことになると、「考える」かどうか、人によって大きく差が出てきます。

では、大学の教科が扱う様々な課題はどうでしょうか。学生にとって、著作権の問題も、紫式部もシェイクスピアも、放っておいても別に問題が起きない場合がほとんどです。

ここで学生にどのように取り組ませるかが高等教育を実施する側の課題なのでしょう。「そんな、学生が勉強するのは当たり前だ。抽象的な問題に取り組むのが学生の本分《ほんぶん》」と言う人はいると思います。しかし、今の大学はユニバーサル化の時代なので、あらゆる人が大学生になるのです。

学生の答案を見て、「このごろの学生は考えない」と私を含め多くの大学教員は言いそうになりますが、実のところ、自分たちも同じかもしれません。どうやって「考える」ことを学生に気づかせるのか。それは教員の重要な仕事なのかもしれません。

コラム6　教室の幽体離脱

授業中に、学生のやる気が下がりダレてくる様子は、教壇にいるとはっきりと分かります。

目の前には確かに数十人の身体があるのですが、魂はおそらく教室の天井付近に浮遊するか、窓をくぐり抜けて、青空の向こうのどこか遠くに行ってしまうのですね。

残念ながら魂は見えませんが、人形のように動かなくなった等身大の抜け殻はあそこに一つ、手前に一つ、向こうにも、ここにも、という具合に見えます。服を着たマネキンか、「パーマン」に出てくるコピーロボットのようなものです。

魂が肉体を離れてさまようのは学生の専売特許ではありません。仕事や家事をしている大人にも起きる普遍的な現象です。会議中やランチの後が、幽体離脱が起きる可能性が高い。映画館でも、一万円を払った演奏会場でもおきます。もったいない話です。しかし、通常、問題は起きません。誰の迷惑にもならないからです。

教室の幽体離脱で具合が悪いのは、抜け殻の無防備な姿が、前にいる教員には丸わかりになることです。また、「お前の話、つまらないぞ」と言われているようで、正直、傷つきます。

そこで、私は学生にアドバイスをします。「授業を聞いていて眠たくなったら寝たらよい。ただし姿勢を崩してはダメだ。机に伏せて寝るのは絶対にまずい」。これは初心者向けです。

上級者には、一生役に立つ技術を伝授しています。「いいですか、授業中に、眠たくなったら、背筋を伸ばしたまま、目を開けたまま寝る術を身につけてほしい。目を開けたまま」と。

第7章　若者に幻を

若い学生にぜひとも必要なものは、生きたモデルに出会うことだと思います。生きたモデルに出会うと「具体的なビジョンを持つことで、行動に移す」につながりやすいからです。

医師を目指す人は親が医師だったり、親族に医師がいたりする傾向が強いことはつとに知られています。学校の先生になる人は親が先生をしているという例はどなたも思い浮かべることができると思います。

親や親戚などにそのような職業についている人がいない場合でも、医師も学校の教師も、成長過程で必ず出会う人種ですから、「生きた見本」に出会うことは容易です。

これが、弁護士や裁判官、宇宙飛行士となると、身の回りに生きた見本は少ないでしょう。ですが、いずれもドラマや映画に登場することが多いので、これらの職業をイメージとして描きやすいです。

海外特派員とイルカ飼育係

私が子供のころであれば、子供向けの偉人伝シリーズがこの役割を担っていました。そのため、ニュートンやベートーヴェン、エジソンやキュリー夫人、シュバイツアーはイメージとして子供ごころに備わっていました。

当時は高校や大学を出ていない親が普通でした。私の両親の世代は、戦時中で教育機関が休眠状態だったので、きちんとした教育を受けていません。親が子供の勉強をみることはありませんでした。

その代わり、「子供の教育に役立つ」と聞けば、親は無理しても子供向けの「偉人伝シリーズ」や「少年少女文学全集」を買い与えたのです。

そうした偉人伝にはイラストも豊富でした。ジャングルで足踏みオルガンを弾くシュバイツアーや、りんごの木の下で沈思するニュートン、試験管を持った野口英世などは誇張されたイメージで、子供をその気にさせようとする願い（あるいは魂胆）があったのでしょう。

もう少し具体的な偉業に輝くイメージとして、私より上の世代なら、湯川秀樹や朝永振一郎のノーベル賞受賞、「地球は青かった」のガガーリン少佐がありました。私の世代ならトンネル効果の江崎玲於奈や数学者の広中平祐、野球の王貞治や長島茂雄、指揮者の小澤征爾など「生きた偉人」がいます。

私が最初に選んだ職業は、通信社の記者です。親族にジャーナリストはひとりもいませんでしたが、怪獣映画には新聞記者は出てくるし、ヘップバーンの『ローマの休日』や香港を舞台にした『慕情』の主人公は通信社の記者や特派員でした。

今、小さな子供に、「将来、何になりたい？」と尋ねると、男の子なら、「野球選手」「サッカー選手」「警察官」「ゲームを作る人」が並び、女の子なら、「食べ物屋さん」「保育園、幼稚園の先生」「医者」「ペット屋さん、飼育係」「習い事の先生」「美容師」「タレント」が上位を占める（第一生命保険会社「大人になったらなりたいものベスト一〇」より）のは、イメージがはっきりしているからです。イルカの飼育係に憧れる子供は、水族館でショーを観たに違いありません。

欲しい「生きたモデル」

マンガが好きな人はマンガ家になることを一度は夢みるでしょう。しかし、マンガを見たことがない人がマンガ家になりたいと思うことは絶対にありません。

高校生から大学生になる過程で、多くの場合、幼いころに描いた「なりたいもの」はどこかに行ってしまいますが、「その代わりになるもの」がなかなか出てきません。もしも、就きたい職業について具体的なイメージがあれば、「やるべき勉強」の身が入るのでしょうが、学生が勉強しないのは、キャリアに対するビジョン（幻《まぼろし》）がないことだと私は考えるようになりました。

考えてみてください。本気で芸能人になりたい高校生は「どうしたら、芸能人になれますか」と尋ねません。尋ねる前に、親に内緒で自分で調べます。尋ねているようでは芸能人になれません。ピアニストになりたい人は、ピアノを弾きつづけて、良い先生を自分で探すはず。

問題は、「なりたい」という幻や夢を見ないようになることです。

私の勤め先の大学は理工系です。多くの学生は、自分が理工系だと認識しており、就職先に、研究職かメーカーを漠然と考えます。勝手にそう思っています。

そこで、「弁護士になることは考えないの？」「宇宙飛行士は？」「記者にならない？」「国連で仕事する気はない？」「アナウンサーは？」「外科医を目指さない？」「外交官になることだって可能では？」「コントラバスでオーケストラに入らない？」というと、まるで虚を突かれたような顔をします。

若者は幻を見る

学生の多くは、そんなこと考えたことがないのです。理学部や工学部、薬学部に来るということは、弁護士や外交官、ジャーナリストへの道はハナからないものだと思っています。なりたい職業があれば、大学を選び直せばよいと思いますし、所属学部にいながら独自に勉強してなりたい仕事に就くことだって可能な場合が多いと思います。

世の中のたいていの仕事はすべての人に開かれています。理工系の学部に来たからメーカーへ就職する、研究者になる、というのは人生の大きな部分を占めるキャリアについて視野が狭すぎると私は感じています。

聖書の中に「若者は幻を見、老人は夢を見る」（『使徒行伝』二章一七節）という言葉があり、古代イスラエルの時代でも、人を動かすのもは「夢と幻」であることが説かれています。私は学生だった時に、湯浅八郎（同志社大学学長、のちに国際基督教大学学長）がいろいろな場で「若者に幻を」と繰り返しているのを聞いておりました。今、自分が若い人と向き合うことになって、この言葉の意義がよく理解できます。

学生が夢や幻を見ようとせずに、学部や就職先を選ぶことが不思議です。いえ、本当は、夢や幻をみることはどんな時代でも難しいのでしょう。だから、「幻を」と説く人がいるのでしょう。では幻をみる一番やりやすい方法はどんなものでしょうか。どうやらお手本が必要なようです。

「あんな風に英語を話したい」

こんなことがありました。一年生主体の「コミュニケーション」のクラスを教えていたときのことです。二〇人ほどの授業で、その中に米国での生活が長い日本人学生Aさんがいました。いわゆる帰国子女です。他方で、シンガポール人の両親を持つ日本育ちの学生Bさんがいました。AさんもBさんも、日本語に問題はありませんが本当は英語の方が楽だと感じています。

授業中にあるきっかけで帰国学生のAさんとBさんが英語でやりとりを始めました。「(英語のまま)続けていいか」と私に聞くので、「続けて。やってみよう」と言いました。そうすると二人の間で英語の対話が始まり、応答を整理する形で私も会話に入り、結局三人で英語のセッションが始まりました。時間にして三分ほどでしたが、クラス全体はその三人の話を一所懸命聞き取ろうとするあまりシーンとなりました。クラス全体が成り行きをみているのです。

さて、この授業が終わったあと、ひとりの学生が私のところにやってきて言います。「あんな風に、自然な英語を使いたい。もっと授業に英語を取り入れてもらえませんか」「そうだね。英語を使う機会ないの？」「ありませんよー」

こんなことを言います。「高校の英語の授業では、カタカナ英語がお約束。本場の発音をすることは『やりすぎ感』があって、恥ずかしくてできなかった。先生がそもそもカタカナ英語なんですよ」

いまどきの高校生や元高校生の本音に触れた気がしました。カタカナ英語がダメだということを知りながら、近くに「お手本」がなかったし、それを実践する機会がなかったのです。本当は流れるような英語を発音したいのですが、それをやると周りの生徒がクスクス笑ったり、引いたりする。「何、かっこうつけてんの」となるのだそうです。

ちょうどそのころ、予備校のカリスマ先生の「高校生は英語で自己表現したいんです」というインタビュー記事を見て、「やっぱりそうか」と思いました。

東進ハイスクール講師の安河内哲也さんは、英語の授業で、読んだり聞いたりしたことを話して表現する時間を設けています。

《話している時の子供たちの表情は生き生きしていますよ。多くの中高生は「英語がしゃべれるようになりたい」と言います。しゃべりたいんです。自己表現をしたいんです》（『朝日新聞』二〇二〇年一月二一日）。

年収三億円の人を見たことがあるか

お手本がないまま育つということは、学びの「目標」がないことを意味します。

もっとズバッと衝撃的なことを言っている人がいました。山口正洋さんです。「ぐっちーさん」というペンネームで日本や日本経済について縦横無尽に苦言を呈し、建設的な意見を述べるカリスマ金融マンです。自ら投資銀行を開設し、M&Aから民事再生、地方再生まで幅広く活動していました。残念ながら最近、故人となりました。

彼は言います。地方の学生が最先端の仕事に就きにくい理由は「生きた目標がないからだ」と。「大学生を見たことのない若者に、『自分が大学生になったときのイメージを持って目指せ』と言う方が不可能でしょう」

随分直截《ちょくせつ》的な言いようですが、耳を傾けてみましょう。少し長いですが、引用します。

《私は大手商社で日本の大学生の採用をやり、外資系証券会社でも新卒の学生を決めていましたが、正直、日本の地方国立大学卒で、日本の大手商社、大手外資系証券会社に就職するのは不可能だと思われます》

《世界中を駆け巡っているような、世界のどこでも生きている人々を、我々の仲間では anywhere 型と呼んでいます。地方に育ち、地方の大学に通った若者の多くはこういうタイプの人と話したことがないから、彼らと会話ができないだけです》

《アメリカ人との会話となれば、変貌自在にグローバルテーマを扱う会話能力も求められ、途方に暮れる。地方で育つこと自体がハンディとなってしまうのです》
《世界中からヘッドハントされながら年収三億円もらっている人なんてどんな人なのか、見なきゃ目標にしようがありませんわね。日本にもそういう人がたくさんいるのに、ですよ》
（『ぐっちーさんが遺した日本経済への最終提言177』朝日新聞出版、二〇二〇年、三三二ページ）

林真理子さんと山中伸弥さん、そしてポルシェ

もちろん「私、三億円、要らないし」という人は多いでしょう。三億円というのは「もののたとえ」であって、半径五キロの現実から離れるという意味でしょう。「自分の小さな世界のままでいい」と思うことに対して、「それでいいのか」とあえて挑発しているのです。グッチーさんが言いたいのは、幻をみて刺激を受けることに意味があるということでしょう。

同様のことを、小説家の林真理子さんは次のように言います（インタビュー記事『朝日新聞』二〇一九年七月一八日朝刊）。

《私たちの時代と決定的に違うのは、今の若い人たちは貧しくても、豊かさをうらやましがらないことです。うらやましくないなら、社会や政治に文句を言う方向には進まないでしょ

う。うらやましがらない自分を良しとしているような面もあると感じます
《飛行機で初めてビジネスクラスに乗ると「広いなあ、このうえにファーストクラスまであるんだ」と知る。でもエコノミークラスしか知らなければそれが全世界です。こんな例を出すとすぐ、「知らなくて悪いな、それがどうした」とか言われちゃうんですけどね》
たしかに、ビジネスクラスを経験しなければ、この座席が示す「世界」を体感することはできません。新幹線や特急のグリーン車も同じです。ビジネス席やグリーン車両に乗ると、その気分のことだけでなく、世には「違う世界」「異なった現実」があることを知るきっかけになると思うのです。
今のままが「全世界」であるならば、もっと良いものが世の中にはあり、それを頑張って獲得しよう、と思わないものです。「知らないもの」「見たことのないもの」「話にきいたことがないもの」を目標にすることは困難というか、無理です。
若い研究者を育てることも同じです。夢は必要です。
京大のiPS細胞研究所長の山中伸弥さんは、『朝日新聞』(二〇一九年七月二三日朝刊)のインタビューでこんなことを述べています。「米国の研究者は一見、暇そうに見えます。夕方五時、六時になると帰り、夏に二、三週間休みます。成功したら、いい家に住み、ポルシェとかに乗っている。学生が研究者に憧れる雰囲気にあふれています」
「若者に幻を」とは、「良きもの、美しいものを知れ。その上で、幻に近く努力をせよ」と

いう意味かと私は思っています。

今の大学教育では学生は変えられない？

元京大教授で桐蔭学園理事長の溝上慎一さん（心理学、教育学）は、「キャリア意識がある学生は学び成長する」と主張します。時間をかけた定点観測をすることでこのことが明らかになったのだそうです。京都大学の高等教育研究開発推進センターと電通育英会が共催で実施している「大学生のキャリア意識調査」のデータが基礎になっています。この意識調査は、二〇〇七年に始まり、三年ごとに定点観測を行っています（現在も継続中）。

「将来の見通し」を持っている学生は「見通しなし」の学生に比べて、学習意欲が高いことがデータの上で明らかになるのです。「いまの大学教育では学生は変えられない」という副題を持つ『大学生白書２０１８』（溝上慎一著、東信堂、二〇一八年）に詳しく分析されています。

溝上さんの調査結果は、私がふだん見ている学生の授業に向かう姿勢を正しく捉えています。学生にとって、なりたい自分のイメージがないまま高校から大学に進学し、「何をしてよいのか分からないまま大学での日々を過ごしてしまう」と、それが常態化するというのです。

実際、「なぜ、この学部に来たのですか」という問いかけに対して、納得がいく答えをする学生は少ないものです。それは、「医師になりたい」「弁護士になりたい」「研究者になりたい」「起業家になりたい」という明確なビジョンをもつ少数の人を除けば、事情は難関大学でも、中堅大学でも変わりません。

東大や京大、早稲田や慶應など難関大学を目指す人の多くが、「そこが難しい大学だから」という理由で受験することは知られています。

溝上さんは言います。「ただ合格することだけを目指して、競争的な、あるいは伝統的な大学を受験する生徒が少なからずいる。大学で何を学び、どのように成長したいかも十分に考えないで入学してくる学生が少なからずいる」（『高大接続の本質』、学事出版、二〇一八年、四ページ）。

「保身と出世」のイエスマン

「エリート官僚になる人は、学業優秀者が目指すコースだからという理由以外には、強い動機はないかもしれない」ということを耳にすることがあります。溝上さんの指摘した受験生のイメージに重なります。その場合、そういう受験生を送り出している高校にも問題がありそうです。溝上さんは続けます。

《高校のなかには、確信犯的な学校もある。さまざまな〈残念〉が絡み合っている。「いったい何のために教育をしているのだ」「何のために教師になったのだ」と投げかけたい気持ちになる》（『高大接続の本質』五ページ）。

現実に、大学在学中に司法試験に受かり、最難関と言われる省庁に入庁し、出世し続ける高級官僚がいます。そういう人は、「難しい試験にパスすること」が目的化しているのかもしれません。

エリート官僚が、自分の保身と出世のためなのか、うさんくさい大臣に忖度して文書を改ざんしたり、統計を不正処理したり、あげくには国会で虚偽答弁に近いことをするケースが頻発する時期がありました。

こういう人はどんなキャリア意識を持っていたのでしょうか。幻をみないまま、目先の試験やお金、地位に振り回されたのかな、と思います。

ジョブ型の雇用システムを採用しない日本の官僚やサラリーパーソンは、やりたい仕事をするのではなく、地位が仕事の内容を決めるので、「仕事への夢」「こんな仕事をしたい」がないまま上昇志向だけでキャリアを上っていくのでしょうか。こういうタイプの人には目先の利益を与えておけば「イエスマン」になりやすい。上からみれば使いやすいです。汚れた仕事も、出世と引き換えにやってくれるなら、理想的な部下となります。

エリート官僚に限らず、大企業ですごろくを上り詰めるサラリーパーソンも似たようなものです。

本当にやりたい仕事を全《まっと》うしてきたというよりは、目先のインセンティブ、目先の課題に夢中になっているうちに、それなりの地位についたというのが実態であることが案外多いのではないでしょうか。大企業の不祥事の記者会見でエリートたちが頭を下げているのを見ると、いつもそんなことを考えます。

このことは、日本の教育を考える上で重要です。湯浅八郎にならって「若者に幻を」と言いたくなります。

「学生＝貧困」の時代？

しかし、夢や幻をみようにも、最低限ゆとりのある生活がないと困難です。今、かなり多くの学生が経済的に困窮しています。

ユニバーサル化した時代の大学生について語るときに、彼らが抱えるお金の問題を避けて通ることはできません。同世代の半数以上が大学に行く時代では、厳しい財政的な問題を抱えながらも大学を目指す生徒や親が割合として増えています。

すでに見たように、生涯賃金に関して、大学を卒業した人とそうでない人の差がはっきりしている（一三〇ページ参照）のであれば、「無理しても大学へ」は人情でしょう。

最近のコロナ禍《か》でバイトをしようにも学生向けの仕事が激減したため、苦境にある学生については、どの大学も頭を痛めています。各大学の学長は学生にメッセージを発し、いろいろな種類の支援の用意があると伝えています。大学はまた、同窓会や保護者会、教職員など関係者を相手に募金を開始し、困窮する学生支援に乗り出しています。

親元を離れた学生は貧困層？

実はコロナ禍の前から「貧困化する大学生」はこの国の高等教育を考える上で切実な問題でした。親元を離れて暮らす首都圏の私立大学生は「貧困層を形成しつつある」という現実もあるほどです。

東京私大教連（東京地区私立大学教職員組合連合）が二〇一九年度に首都圏の私立大学に入学した新入生の家庭を対象に実施したアンケート調査結果によると、家からの毎月の仕送り平均額は八万五三〇〇円でした（入学後に出費が落ち着く六月以降のデータです）。過去最低だった前年度比で二二〇〇円増加したのですが、過去二番目に低い金額です。

過去最高だった一九九四年の一二万四九〇〇円と比較すると三万九六〇〇円、三一・七％も減少していることが分かります。

この調査は、東京私大教連が関東圏の一四の大学と短大に入学した新入生の家庭（保護者、父母）を対象に行っています。二〇一九年の五―七月に実施され、回収されたアンケート結果約四四〇〇件を基にしています。

家賃をみると、平均は六万三四〇〇円で、前年度比で六〇〇円増加しました。「六月以降（月平均）」の仕送り額八万五三〇〇円に占める「家賃」の割合は七四・三％と七割を超えています。

家からの仕送り平均額（月額）の推移

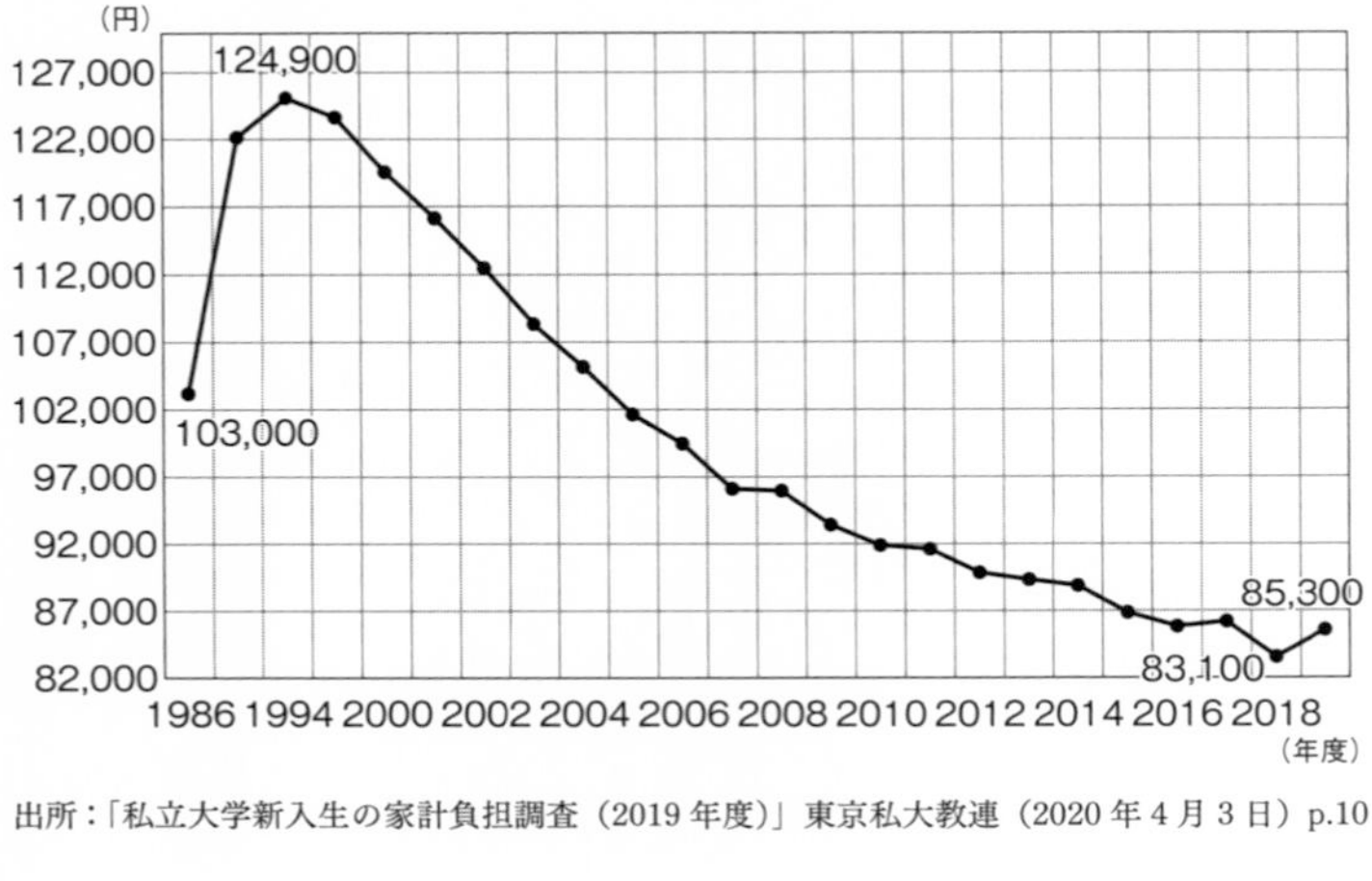

出所：「私立大学新入生の家計負担調査（2019 年度）」東京私大教連（2020 年 4 月 3 日）p.10

さて、ここからが問題です。「六月以降（月平均）」の仕送り額から「家賃」をのぞいた生活費は月額二万一九〇〇円であり、これを三〇日で割って一日あたりの生活費を算出すると七三〇円です。ピークだった一九九〇年度の二四六〇円（七万三八〇〇円÷三〇日）の三割以下に減少しています。

自宅外通学者の「入学の年にかかる費用」は二九九万三一三三円で、前年度比二万七六〇〇円（〇・九％）増加しました。この費用は平均年収九三〇万円の三二・二％を占めます。

また、学費などの「入学に必要な費用」を借入れした家庭は一七・三％です。世帯の有所得者数の平均人数は、二〇〇七年度の調査開始から一・七人で推移してきたのですが、二〇一八年度から一・八人に増加したということです。つまり、家庭内で働きに出る人の数が増えていることを示します。共働き世帯が増えたのかもしれません。

ところで、私立大学の初年度納付金は平均で一三一万六八一六円です（入学金、授業料、施設費など）。学校や学部・学科によって差があり、文科系学部が一一五万八六三円、理科系学部が一五一万八三三三円です。医歯系学部は四七九万二九二八万円でした（数字はいずれも

「毎月の家賃」の推移

1986年度	1990年度	1995年度	2000年度	2005年度	2010年度	2015年度	2016年度	2017年度	2018年度	2019年度
34,700円	48,300円	55,300円	59,600円	58,700円	61,100円	61,200円	62,000円	61,600円	62,800円	63,400円

出所：同調査 p.11

二〇一六年度文科省調べ）。参考ですが、国立大学は私立に比べれば金額が低く、初年度の納付金（標準額）は八一万七八〇〇円（内訳：入学料二八万二〇〇〇円＋授業料五三万五八〇〇円）です。

参考ながら、一九九〇年度の私立大学の授業料と入学料は、それぞれ六一万五四八六円と二六万六六〇三円でした。国立は授業料と入学料がそれぞれ三三万九六〇〇円と二〇万六〇〇〇円でした（いずれも文科省「国公私立大学の授業料等の推移」）。

ところで、家庭の教育関連への支出の減少ぶりを示すデータがあります。総務省の「家計調査報告（家計収支編）」によると、二〇〇〇年から二〇一九年の支出の変化として、「教育・娯楽」関連が月計算で一六・二％（八九六七円）減っています。

「仕送り」から「家賃」を除いた生活費の推移

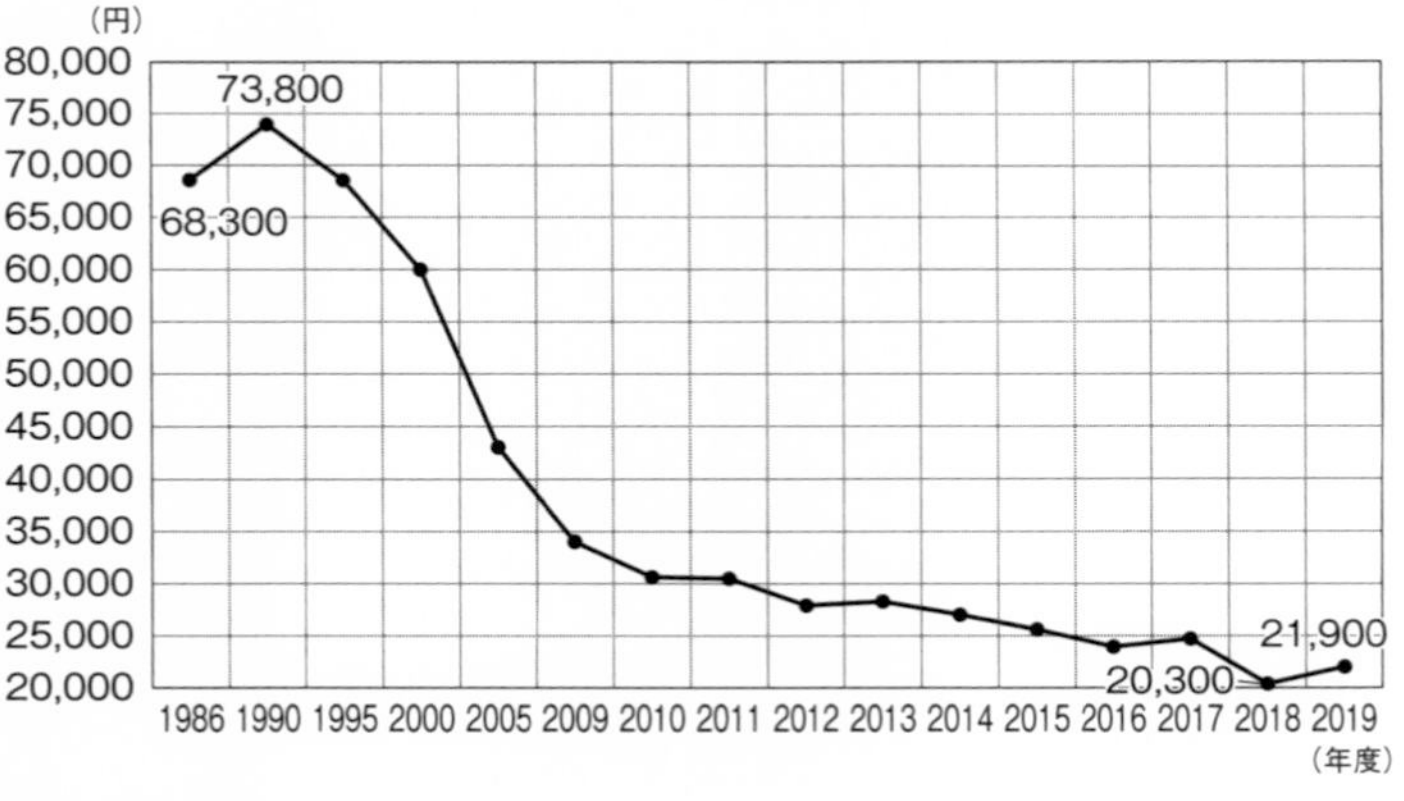

出所：同調査 p.11

ブラックバイトから抜け出せない

金銭環境について言うなら、今の学生は、上の世代よりも明らかに厳しい状況に置かれています。少し前に大学を出た人が、学生のバイトのあり方を考えに入れないで、「今どきの学生」を論じると、ここでまた間違ってしまいます。

「学費が大変で、バイトに頼らざるを得ない」と今の学生が言う時、それは文字どおり、「バイトをしないと生活ができない」のです。

上の世代が「（余裕ある文化的な生活のために）バイトをしていた」「バイトは社会勉強になった」と言う時、それはノスタルジーと捉えられそうです。家からの仕送りから家賃を差し引いた金額が一日に七三〇円。この生活費では、バイトをしなければ大学生活を送ることは不可能です。

学生と接していると、実に多くの学生がバイトに軸足をおいた生活を送っていることが分かります。平日も土日も関係なく、バイトが入っている学生は多いです。そのため、ゼミや少人数クラスの授業で、キャンパスを離れての「飲み会」や「合宿」を運営するのは大変に難しいです。

コンビニや居酒屋でバイトをする学生は多く、一度シフトを組むとこれを変更することが難しいのです。

私も大学教員になりたてのころは、学生がバイトを理由に授業を休んだり、プレゼンの日程を変えることに違和感があり、「バイト？　店に頼めば、何とかならないですか？」と言ったものです。言われた学生は本当に困ったような顔をして、「それができないのです」と言ったことを覚えています。その後、「ブラックバイト」という言葉を知りました。

学生をみていると、指定した教科書を必ずしも購入しません。高校までの教科書と違って、大学の授業で用いる書籍はざらに二〇〇〇―三〇〇〇円はします。教員の方も気を使って、資料配布で済ませる授業も多いように思います。

学生の中には、学期が始まって最初の数週間、教科書を買わずに、配布資料だけでやっていけるかどうか見極めようとする人もいます。

また、学生が持っている教科書をよく観察していると、図書館から借り出した書籍を「延長」しながら、一学期をしのいでいる人がいます。勉強するために大学に来ているという前提が、やはりユニバーサル化の時代とそれ以前とでは違っていることが分かります。

遅れている「教育の無償化」

学生をめぐる厳しい状況は、日本のイメージを損なっています。

経済協力開発機構（ＯＥＣＤ）によると、初等教育から高等教育の公的支出が国内総生産（ＧＤＰ）に占める割合は、日本が二・九％と、加盟三五か国中最下位なのです。

ＯＥＣＤの報告書『図表でみる教育２０１９年版』（日本版。二〇一九年九月一〇日。Education at a Glance 2019）は、世界各国の教育の現状を測った比較可能な統計データを収録しています。同書をみると（三二一ページ）、二〇一六年の「初等教育から高等教育」の公的支出が国内総生産（ＧＤＰ）に占める割合は、ノルウェーが六・三％ともっとも高く、フィンランド＝五・四％、ベルギー＝五・三％、スウェーデン＝五・二％などが続きます。一方、日本は二・九％と比較可能な三五か国中で最下位です。

ＯＥＣＤ諸国平均は四・〇％、ＥＵ二三か国平均は三・九％でした。

私立に依存する日本の高等教育

すっかり忘れられた観がありますが、実は二〇一九年秋の消費増税の目的のひとつは、高等教育の部分的無償化への財源を確保することでした。消費税引き上げは「けしからん」が論調として取り沙汰されますが、その中身をどうするのかをセットで考える必要があるでしょう。

日本では大学生の学生数で約七五％、約二二六万人が私立の大学・短期大学で学んでいます。学校の数でも八二％を占め、高等教育における重要な役割を担っています。

日本の高等教育への公財政支出は先進国の中でもOECDの統計でみたように最低水準のため、日本は諸外国と比べて教育への家計負担が非常に大きい国になっています。

学生一人当たりの公財政支出は、二〇一六年度で国立大学が二〇二万円（運営費交付金・施設費・その他補助金）であるのに対して、私立大学はわずか一六万円（経常費・施設設備費等の補助金）であり、国立の一三分の一です。

学生による無償化プロジェクト

貧困化する学生の間からは声を上げる人も出てきました。国公私立の大学生で作る高等教育無償化プロジェクト「ＦＲＥＥ」は、高等教育の無償化を目指すことを目標に次のことを求め活動をしています。

すなわち「大学の大幅な学費値下げ」「高等教育の授業料免除枠の拡大」「奨学金制度の抜本的な改善」です。

ＦＲＥＥ事務局長の齊藤皐稀《こうき》さんは、「学生の困窮について、本当のことは分かりにくいです。お金のことですし、学生も話したがりません。しかし、ＦＲＥＥの活動のおかげもあり、学生の貧困と奨学金の問題が可視化されつつあります」と話してくれました。

行政として高等教育を実施するにはコストが伴います。これまで、自己責任の考え方から、学費は学生や家庭が負担するものという考え方が支配的でしたが、ＯＥＣＤの調査でも分かるように、それは世界の趨勢《すうせい》ではありません。

貧困層の増加や収入格差の拡大などにより、経済的理由から私立大学への進学を断念する高校生や退学を余儀なくされる私立大学生が増えています。ここに来て、新型コロナウイルス感染症が状況を悪化させています。憲法の「教育を受ける権利」が脅かされているようなものです。

ＦＲＥＥの手書きのアンケート結果をみせてもらいました。それには「大学や学部を選択するときに学費のことを考えた」「学費負担、奨学金返済が進路選択に影響している」「授業とバイトがバッティングしたら、バイト優先」「アルバイトのために睡眠や学習時間が犠牲になっている。心に余裕がない」などの回答が見えます。

コラム７　『約束のネバーランド』を読み解く

『約束のネバーランド』（原作は白井カイウ、作画は出水ぽすか）は素晴らしいSFマンガです。『週刊少年ジャンプ』（集英社）に、二〇一六年夏まで四年以上連載され、単行本（全一九巻）の売り上げは世界で二二〇〇万部を超えたそうです（二〇二〇年七月現在）。

外の世界と隔絶した楽園のような孤児院で何不自由なく三八人の少年少女が育てられます。彼らはママ（イザベラ）と呼ばれるシスターから惜しみのない愛情と最高の教育を受け、伸び伸びと育ちます。この施設にいられるのは一二歳までで、それを過ぎると、引き受ける里親に届けられます。

ある時、成績トップの孤児三人（エマ、レイ、ノーマン）が衝撃の秘密を知ります。孤児院で育つ子供は、外の世界の「鬼」の食用だったのです。鬼はとりわけ優れた頭脳を美味と感じます。

イザベラは鬼と通じており、英才教育で食用児を育てる「飼育チーフ」だったわけですね。三人は自分たちもいつか犠牲者になることを知ります。外部に自分たちを助けようとする味方もいるらしいが、しかし子供たちの中にスパイがいる！一体どうやって、この監獄のような孤児院から脱出すればよいのか。

このマンガを「日本の教育システム」のアレゴリー（寓意）とするのは深読みでしょうか。この国で高速で動く頭脳を持った子供や学生は一体どこに行くのでしょうか。受験システムに乗っかった子供は「自分の人生」を生きるでしょうか。教育システムと企業や官庁との関係は？　そういえば、「社畜」という言葉がありましたね。

この本がヒットするのは、多くの読者が三人の主人公のように、「社会の秘密」を無意識にでも嗅ぎあてたからかもしれません。

マンガの登場人物は冷静に悪に立ち向かいます。「頭の良さと純粋なハート」が武器です。大人を出し抜き、団結して幸福な結末を目指す登場人物に惹かれます。

第8章　大学と社会

新型コロナウイルス感染症拡大の中で、突然のように「九月入学」が持ち出され、各方面から賛否の声が上がりました。小中高の「九月入学」と大学の「九月入学」は同列に論じることはできません。大学は海外とつながっていることが多く、既に学生や研究者で海外との往来が盛んな大学は「九月入学（秋入学）」を実施しています。

私自身の二度の米国留学や、仕事として大学の国際化推進を担当し、海外からの学生を受け入れたり、日本から学生を送り出したりした経験でいうと、日本の大学の九月入学はもっと一般的であってほしいと願います。

すでに東京大学は約一〇年前に真剣に検討し概要を公表しましたし、私がいた国際基督教大学では創立以来、「九月入学」については六〇年以上の歴史があります。ぜひともそのような議論の蓄積や実際の先行例を「（大学の）九月入学の議論」のたたき台にしてほしいと願います。

一点だけ言うと、日本以外の大学がどこも「九月入学」かと行ったらそうでもない点を知っておくことは必要でしょう。マレーシアのように一〇月入学の国もあるし、アジアや中南米、アフリカでも微妙に違っています。いずれにせよ、「秋学期入学」は大学のグローバル化推進には欠かせません。

大学入試、本当は単純な話

ところで、大学の入試のあり方がさかんに議論されます。この問題の「迷走ぶり」にこそ議論が必要です。これまでの「センター試験」に代わって、二〇二一年から「大学入学共通テスト」に移行することになっています。一体、何が変わるのでしょうか。

英語試験の「スピーキングテストを入れれば会話力が向上する」とか、国語の「記述式問題を採り入れれば、思考力や表現力が養われる」といったことがまことしやかに語られますが、政治家による特定業者への利益誘導こそがリアルな問題となって浮上しました。

しかし、本当に議論すべきはそうした技術的側面にではなく、もっと本質的なところにあるでしょう。

大学が真剣に「どんな学生に来てもらい（アドミッション・ポリシー）」「どんな風に教育し（カリキュラム・ポリシー）」「どんな風に社会に送り出したいのか（ディプロマ・ポリシー）」から設計すれば、入試のあり方はおのずと鮮明になるはずです。

隣の大学やライバル大学のことは関係ないはずです。その上で、民間が運営する試験に依存することを自主的に決めたのなら、それもアリだと私は思います。そのように公表すればよい単純な話です。

第４章で見たように、ＡＯ入試や推薦入試の役割が増している時代です。自分の大学は「どんな学生を選抜したいか」に注力すればよい、と思います。

忖度する大学

大学改革では「社会のニーズ」ということがよく言われます。また、大学の「機能強化」という用語が示すように、大学が社会的要請に応えるための「機能」として捉えられることが多いです。もしも大学を社会的な「機能」とみなすならば、それは「大学の研究教育の目的が大学の外部から提示される」ということになります。

しかし社会的なニーズとは何か。

受験生や親の要望か、地域の要請か、政府の方針か、政府をも動かす企業群か。これらの各セクターが望むニーズは多様で、時に対立します。多様なニーズの中から、大学が自らの社会的使命や目的を、「大学の自主性」と「学問の自由」に基づいて選び取らなければなりません。

社会的なニーズを主張するのは政府でも経団連でもないはずです。その時々の政策に無批判に応答することには注意が必要でしょう。大学はもっと主張してほしい。

大学の監督官庁である文科省や大学業界の外部の力が働いて意思決定を左右するようなことがあってはならないし、大学がみずから「忖度」の世界に巻き込まれることに警戒すべきだと思います。

その意味で、皮肉なことですが、小中高などの児童や生徒に求められてきた「主体性」や「考える力」「対話する力」「伝える力」が、大学にこそ求められているようです。

私のように、かつて大学の外にいた人間が大学に来ると、職場としての大学や大学業界そのものは、勝手が違って見えます。大学には文科省からの圧力が本当にあるのか、大学が自発的に文科省になびいているのか、監督官庁のなかった報道機関から来た人間からみると、「大人の事情」でもあるのか何かすっきりしません。

同僚はどこにいる？

話は変わりますが、会社で仕事をするサラリーパーソンの職場環境と大学教員のそれとの決定的な違いは何だと思いますか。私は職業としての大学教員の最大の特徴は、教員が個室の研究室を持っていることだと思います。

通信社で私のいた職場は大部屋形式です。部長がいて、二〇―三〇人（社会部など大きな部署は一〇〇人以上）のまとまりで運営されます。それぞれの職場はいくつかの部門に分かれます。各部は部長を筆頭に、デスクが何人かいてライター（記者）を束ねています。つまり、いつも同僚に囲まれて仕事が進みます。記者は事件現場に単独で身を運ぶことも多いですが、会社の同僚の目がない場合でもデスクと頻繁に連絡を取るので、その意味でもひとりぽつんと仕事に向かうことはありません。

個室主義でない大部屋の日本の会社で働くということは、誰かの仕事は必ず他の人の目に触れることを意味します。当たり前ですが、仕事中はプライバシーはありません。

隣席の同僚がいるか、いないか明らかなことですし、部屋を見渡して空いている席があれば、「ああ、あの人、いないいな。外出中か、休んでいるのか。たまたま離席しているのか」と分かります。

メディアの世界では、頻繁に外から電話が鳴り、内線で連絡を取り合うのが仕事の基本です。たとえ入社したばかりの新人でも専用の電話を持つことになります。隣席の人間がどんな仕事をしているのか、文字通り「筒抜け」です。隣の同僚が電話で何を言ってるかはいつもそれとなく耳に入りますし、場合によっては同僚が何か間違ったことを言っていれば、さっとメモを渡して指摘することだって普通にあります。

そういう意味では一つずつの仕事にずっと集中して高い集中力を常に発揮しながら仕事をすると言うよりは、自分の周りで起きていることをそれとなく注意しながら前に進めるのが報道機関の仕事です。人とのやりとりが全てというメディアの世界のあり方です。一般企業でも似たようなものでしょう。もっというと、大学の事務職員も同じような仕事の回し方をしています。日本の職場とは大部屋にいて、お互いがお互いの仕事を補完しながら進むものです。

例えて言えば、自動車を運転するときに前方だけ見ていては安全運転ができず、常にバックミラーやドアミラーのことを気にしながら運転するのと似ていると思います。

ところが大学で教員の仕事を始めると、これがありません。専任の教員は必ず研究室があてがわれるので、いわばここが大学教員の仕事部屋となります。

大学教員というもの、「専任」教員であれば、たとえ二八歳の講師であっても、一国一城の主《あるじ》ですので、それぞれの教員が書籍やパソコンのある研究室にいると外からは干渉されることがありません。研究室には小さな冷蔵庫を持ち込んでいる人もいるくらいです。

社会人からみると、研究室があるということが、大学教員の職場の大きな特徴です。研究室については、第２章でみた設置基準で決められています。これは「学問の自由」という見地からすれば、正当なことだと私は思います。時間を気にせず、講義の準備をし（そもそも講義はひとりずつの教員に任されている）、論文執筆などの仕事に没頭できる環境はどうしても必要な環境です。

大学は閉鎖的？

しかし、別の見方をすれば、大学教員の世界は特権的で閉鎖的に映ります。教員は研究室に隠れるというイメージを持つ人がいます。例えば、財政の立場から大学改革について発言のある財務省の神田眞人さんは、「税金で運営される国立大学はこのままでは生き残れない」と批判する際に、大学を「タテ割り、タコツボ、相互不干渉」という言葉で表現しています。

海外経験の多い神田さんは国立大学について、「古色蒼然たるムラ社会、内向き、閉鎖型、競争忌避、そんなシステムを温存していれば、国際競争も激化し、人口も減少していく中、必然的に座して死を待つ状況であったわけであり（後略）」と対談の中で述べています（松本美奈『異見交論——崖っぷちの大学を語る』事業構想大学院大学出版部、二〇一九年、一六〇ページ）。

あります。

大学の教員が仕事をしているのか、していないのかがわからないと言われる理由はここにたしかに、教員同士は没交渉であることが多い。月に何度か会議で一緒になる程度の同僚は、ふだんどのような仕事ぶりなのかは表面的には分かりません。大学教員の主な仕事は教室で教えることですが、その同僚はどういう授業の進め方をしているのかについてもなかなか分かるものではありません。今では少しずつ、教員研修の考え方から、相互に授業を参観する機会を設けるということができてきましたが、まだまだ不十分と思います。

とはいえ、大学の教員というものは「そういうものである」というのもこれまた事実です。もちろん、プロジェクトで進む研究であれば、大きな研究室に数人、時には数十人が属して運営する場合もありますが、そうなるとこれは会社の職場のようになると思います。実験系の大部屋の研究室はそのようなものだと思います。

学会こそ活動の場

実は、研究者である大学教員の「同僚」は、他の大学にいるのです。なぜなら、研究という活動は、多くの場合、同じ分野の研究者同士の議論や協力が大切です。他の研究者との情報交換と切磋琢磨の上に成り立つのが研究だからです。

仮にあなたが美学の教授だとします。たいていの場合、美学の教員は、哲学や倫理学関係の学科を持つ大学でなければ、一つの大学に一人しかしません（美学はマイナーなジャンルなので一人もいない場合が普通です）。そうすると、学問上の「同僚」は他大学の美学の研究者なのです。

美学関連の学会がいくつかありますが、「学会」こそが専門の研究を推進するための母体です。イベントとして年次総会があるでしょうし、シンポジウムや各種セミナーが開かれます。研究に国際的な広がりをもたせるためには学会を通すことが有効です。地区ごとの支部会があったり、独自の勉強会を実施しているかもしれません。

専門の先生が自分の研究において生き生きとするのはこの「同僚」が集まる学会という場であり、同じ分野の研究者が業績を披露し、時に競い合う論文集の中であるでしょう。

外国の同僚に助けられる

「世界中にいる研究者仲間と日々一緒に仕事をしている」という素粒子物理学の村山斉《ひとし》さんは、地域や国を越えて研究をリアルタイムで進める「同僚」との関係がいかに重要かを示すエピソードを紹介しています（「村山斉の時空自在」『朝日新聞』二〇二〇年二月二〇日）。

約二〇年前、「暗黒物質」（ダークマター）の研究で、村山さんのチームはいつのまにかライバルグループに先を越されそうになったことがありました。このことをキャッチした村山さん（カリフォルニア）は、急きょ米東海岸のドイツ人、スイスにいるイタリア人二人の同僚に伝え、仕事の段取りを打ち合わせたのです。それぞれの時間帯で全力を尽くしたものを、時間帯の違う三地域の同僚にバトンタッチしながら、二四時間で一本の論文を書き上げました。結果、自分たちのグループが成功を収めたと言っています。

村山さんは、この業績がなかったら、「私の研究者としての評価はずっと低かっただろう」と振り返ります。

この話は、研究者にとって、一緒に研究を進める同僚の存在が不可欠だということを端的に示す好例です。研究者一人ひとりは独立した存在ですが、一緒に仕事を進める同僚は他大学や他の研究施設にいる場合が多いのです。二人三脚で走るパートナーやチームメイトは他の大学や国外にいるのです。

ビジネスの世界にいると、こんなことはあり得ません。仮にライバル社に勤める友人がいても、自社の秘密を漏らすことは背任行為になります。研究者のこのような「生態」は大学の成り立ちと不可分であることが分かります。

ごまかせない「同僚の目」

ところで、会社における同僚はむしろ、「同じ釜の飯を食う」関係です。会社を意味するcompanyは「一緒に（com)、（パンを）食べる仲間（panion)」が語源です。

長い会社生活の中で、私には同僚の重要性を強く認識する瞬間がありました。

締め切り時間が迫った深夜二四時ごろ、あるスクープ記事をめぐって、配信する（通信社として全国の新聞社や放送局に電信する）かしないか、少し離れたところで職場の仲間数人（同僚ですね）が殺気立ったやりとりをしていました。事情が分からず、遠巻きにみていると、どうやら記事文中の事実関係の確認がどうしてもできないまま、あと数分で締め切りということのようです。ここで配信できれば、見事なスクープとして仕上がります。

「ウラがどうしても取れない。このままじゃ出せない」

「その談話、匿名の伝聞情報で行きますか」

「それって、話を作るってこと？　ねつ造じゃないか。だめだめ」

数人の記者とデスクとの間で熱くなっています。どんな場合でも、「ねつ造」はあり得ません。

結局、勇み足になりそうなその記事の朝刊用の出稿をあきらめ、夕刊に回すことになったのです。切れば血の出そうなスクープは、翌日夕刊の一段しぼんだ劇的要素のない平凡な記事になったようです。

ベテランデスクが言います。「なあ、オレらの仕事って、読者はだませても、同僚をだますことはできないよね」

それほど、同僚の目は厳しい。仕事の質を維持するために、同僚の目がどうしても必要です。

おそらく、どんな会社でも、自社の製品やサービスの弱点や欠点を知っているのは、その会社の従業員（同僚）に違いありません。だから、製品の品質が維持できるとも言えます。長く会社にいた人間からすれば、「同じ大学の中の同僚」というのは、そういう意味で関係は希薄です。空気をともにすることはあっても、仕事の内容はノータッチです。

サラリーパーソンと違って、同学の士でチームワークの研究でもしない限り、教員は孤独な存在かもしれません。会社員であれば、仕事が終われば数日に一回は飲みに行って愚痴を言い合い本音がこぼれます。この点が大学の同僚と大きく違っています。

会社経営の手法で大学経営がうまくいかない一つの理由は、「同僚」の概念が会社と大学で大きく異なっているからではないでしょうか。

同時に、いろいろな大学で多発する「研究不正」や「論文撤回」は、同僚の目が届きにくい大学の教員の職場環境のせいであるとも言えそうです。

「主張しない」が大学流？

大学改革が日本の高等教育の最大の課題として問われ続けています。大学改革の難しさの一つは、大学という独特のところで「同僚の仕事」を把握することが難しい点にあります。第一に、企業であれば、たとえば製造業なら、自社製品の品質管理を上意下達で命令できます。「売上不振」の製品があれば、上層部は現場で何が起きているか、製品の企画、開発、製造、広告など全てのプロセスをチェックすることになります。

しかし、大学で最も重要な、教室で行われる講義やゼミを点検することは本当に難しい。授業の品質をどうやって管理できるでしょうか。アンケートによる学生のフィードバックはあてになりません。甘い先生に高得点が、厳しい先生に辛い点がつきます。

第二に、研究の内容について、どうやって品質管理が可能でしょうか。専門の論文はその分野の人だけがシェアし、評価することができます。

本当は大学の教員は、もっと自分の存在を専門分野の外の人にも知らせることが、重要だと思います。慶應義塾大学の中室牧子教授（教育経済学）は「日本では、研究者は学術論文の執筆はしますが、対外的な発信には消極的です。経済学者の間では最近まで『テレビに出るな、霞が関に近づくな』という言葉が不文律になっていたほどです」と証言しています（「『教育格差』が格差社会を加速する」『文藝春秋』二〇二〇年四月号）。

私は純粋にアカデミックな人間ではありません。学術論文の執筆にはさほど執着がありません。それよりも、求めに応じて、一般の人に対する講演や、学校の教員の目に触れるような教育雑誌への連載などが「私のすべき仕事」と思っています。ジャーナリストつまり実務家としての執筆経験は豊富ですが、学会活動も熱心ではありません。餅は餅屋で、アカデミックな活動には、それが向いている人がやれば良いと思っています。

ただ、そういう私がアカデミックな研究者について思うことは、「もっと一般の人向けに発言したり、出版したらよいのに」ということです。時々そういう話を「専門一筋」の教員にします。「出版社はおもしろい原稿を探してますよ。お書きになったらどうですか」と水を向けることもあります。

そうすると「うーん、わかるんですけど、一般書を書くのは業績にカウントされませんから、どうしても論文中心になる」と言う人が多いです。もっとピシャリと「本を書く時間があれば、論文に回すのが研究者というものだ」と言われたことがありました。

たしかに、本を書いてもそれは大学では「ほめられたこと」ではないようなのです。論文を書かないで、一般書籍を書く人は軽くみられるという傾向は確かにあります。

もっとも、こういう声もありました。「本当は一般書を書きたい。TVに出るのもいいかと思う。しかし、それをやると先輩(研究者)から冷たい目で見られそう」。確かに、大学であれ報道の世界であれ、ジェラシーを刺激するとやりにくいです。

第三に、企業のガバナンスであれば、「選択と集中」が基本だと思いますが、大学は縦割りになっており、学部ごとに、学科ごとに別組織のようなものです。私のサラリーマン感覚でいうと、同じ大学でも、学部が違うと別の会社のようなものです。A学部がB学部に直接注文をつけることはあり得ないでしょう。同時に、仮に学部長であっても、自分の学部にいる数十人の専任教員や非常勤講師の講義の細部を知ることは不可能です。

企業の社長であれば、毎朝、会社で起きていることについて担当役員からブリーフィングを受けます。しかし、大学ではこれは無理ではないでしょうか。

時々、企業社会で成功した経営者が、「大学にもビジネス手法を」とばかり「大学経営」に乗り出します。箱モノの改革は前進する場合がありますが、教育・研究の分野に手をつけようとするとたいていうまくいきません。大学教員が、一般サラリーパーソンと異なる存在であるという点がなかなか理解できないからではないでしょうか。

「だからダメなんだ。教員のメンタリティーを変えなければ」と言われます。

しかし、講義のために毎週準備して教壇に立った経験がないリーダーが、それを日常業務にする大学教員の心情を汲み取るのはなかなか難しいと思います。

「教員は社会的に存在意義を失っている」

企業人として成功した大物のビジネスマンは、学生が喜ぶようなおもしろい話を数回ならできるかもしれません。しかし、毎週連続で一五回、専門的な内容を体系的に話すのは決して簡単な仕事ではありません。二〇代からずっとアカデミックな専門一筋でやってきた教員と比べると、社会人教員は、講義をするにしても、引き出しの数が少ないと思います。アカデミックな教員にはかないません。

ところで、私がこれまで見た中で、大学教員に対してもっともキツイ注文は次のような経済界からの発言です。国立大学の教員に向けてのもののようですが、私立大学の教員にも十分コタえます。経済コンサルタントでビジネス界の論客の冨山和彦さんが次のように言いました。

《大学の「中途半端な人たち」は、(現実を) 全く見ていない。グローバルには全く通用しない人たちだ。G (注：グローバル型) かL (注：ローカル型) かと迫ったときに大学人が猛反発したのは、自分たちがどっちつかずだということを自覚していたからだ。世界で通用するトップレベルでもない、トップ学会で発表する常連でもない、論文が頻繁に引用されるわけでもない。かといって世の中で長期的に役立つような実学を授けることもできない。つまり、リアルな世界で戦えないから大学に残った人たちだからだ。そういう人が大学教員の七

〜八割を占めている。大学問題の本質は、社会的に存在意義を失っている教員の雇用問題だ》（前出『異見交論――崖っぷちの大学を語る』一七九ページ）。

「同僚」という概念から、大学改革の可能性について考えてみましたが、冨山さんは大学の問題を突き詰めると、「教員の雇用問題」であると言います。言い過ぎのように聞こえますが、冨山さんのこの主張には耳を傾けるべき要素を含んでいると私は思います。「G型」「L型」の問題提起は分かりやすいです。ただ、GとLとを一本の線で区分できないところが議論としては難しいと感じます。研究主体の大学か社会人養成の大学かを考える際の参考になると思います。

「面接があるので欠席します」

学生が授業を欠席するとき、「企業面接がある」を理由にすることがあります。「授業と就活、どっちが大切ですか？」と学生に迫ることはとても難しいです。私も最初は、堂々と言ってくる学生にそう返したことがあります。その学生がまさかの私の反応にとても困惑した表情を向けます。瞬時に「分かった、じゃ、出席扱いにします。ただし、別で課題だすから」と切り返したことがあります。

優秀な学生を求めるあまり、企業は早めに「内定」を与えて、他の企業に行かないように縛ろうとします。しかし、学生は学生で、どこかの企業から「内定を確保」して、さらによりよい会社を求めて就職活動をします。行きたい会社から内定を取れば、「それまでに内定をもらった会社を断ればいいや」くらいのつもりでいます。学生には「会社との契約」という意識はありません。

企業の側もこれを知っているので、学生と企業の「ばかしあい」のような構図が繰り広げられます。これを延々やるのが「就職活動」です。下手すれば一年くらい続きます。学生はグループを組んで情報交換をしながら「情報戦」「団体戦」で取り組みます。グループの中で落ちこぼれるのは避けたいし、初志貫徹したいし、情報戦や団体戦を装いながら、仲間を出し抜くこともあるでしょう。

かなり必死の戦いが繰り広げられます。学生が就職先を選ぶのは、実は、これまでやってきた受験と同じ感覚で取り組んでいるように見えます。つまり、中学生が高校を受ける（受験する）、高校生が大学を受けるように、大学生は企業を「受ける」のです。大学に来るまでは、偏差値や難易度が重要であったように、「企業を受ける（受験する）」のです。

実際、なかなか内定をもらえなかった学生が、ある日、私のところにやってきて「先生、やっと合格しました」と報告に来たことがありました。「合格でなくて、内定でしょ？」と言ったことがあります。

彼らが就職先を選ぶ時の指標は、「有名企業」「有力企業」「一流企業」などのブランドです。裏情報として、「有給休暇が取りやすい」「残業が少ないらしい」はとても大きな要素です。学生が行きたがるのはよく知られた消費者向けの企業である場合が多いです。つまり、B to C（企業対顧客 business と consumer）の企業です。日本には優れたB to B（企業対企業）企業が多いのに、B to Bを受けようとしません。彼らがB to Bを受けるとしたら、TV広告でイメージ戦略を狙う商社やIT企業です。

B to B企業のことは、自分の生活圏にないので知らないのです。通信社というB to Bの典型のような会社にいた私にすれば、ずいぶん皮相な就職活動です。

大学教育を台無しに？

大学の外にいると、自分のまわりに「就活」する学生が身近にいない場合は、就活は「風物詩」のようにとらえられがちです。しかし、大学の内部にいると、学生にとって就活は切実な活動です。多くの学生の日常に影響します。学生の中心層（ボリュームゾーン）をあずかる上位大学や中堅大学にとって、就活ははっきりと大学教育に影を落としています。いえ、もしかしたら、大学教育を台無しにしていると言えるかもしれません（もっとも、多くの学生が大学院に進む理系学部や理工系大学では、就活はあまり問題となりません）。

「学校の教師になる」「大学院に行く」「起業する」などのつもりがないなら、ごく普通の学生の最大の関心事は、有名企業への就職です。大学に入学して、しばらくすると四年後のことが気にかかるようになります。自分でその気がなくても、サークルや部活、バイト先、親からの情報で、たちどころに「就活が学生時代の最大のテーマ」が感染します。頭のかなりの部分を就活が占め、自分探しや業界研究が始まります。三年生になる前後に、仲間と情報交換する団体戦と情報戦が始まり、夏になれば、就活を意識したインターンシップに挑戦します。そうこうするうちに、就活本番で、これが四年生の夏休みごろまで続きます（決まらない人はその後も決まるまで活動します。最近、経団連がこれまでの就活の方式や協定を廃棄すると宣言しました。今後企業が年間を通じていつでも採用活動することになります）。

学生はいつ、「大学生らしい勉強する姿」になるのでしょうか。内定を取ったら取ったで、今度は、会社に入ったあとのことを考えるので、もはや目前の大学の授業や勉強に向かうことがありません。だから大学のことを「就職予備校」呼ばわりする人が出てきます。

今では、卒論を課さない大学も多く、卒業までの日々をテキトーに過ごします。ほんの少数ですが、ボランティア活動に従事する学生も出てきます。いずれにしても、「大学の授業」が重みをもったこなすべき本分《ほんぶん》とはならないのです。

就活が学生を育てる?

学生の就職活動は「企業による青田買い」です。しかし、大学の中で学生を見ていると、就活が大学教育に影を落としている様子を理解する一方で、学生の側がほとんど主体的に、つまり自ら進んでそこに飛び込んで行っているのも、これまた事実です。

学生の「団体協力戦」「情報戦」はまさしくその現れですし、授業中に消極的に見える学生が、男子も女子も黒スーツをまとう姿にはそれなりに「意志」が見えます。授業ではろくに考えない学生も、就活でうまく行かない状況が続くとさすがに「考える」機会もありそうです。そういう意味で、就活は学生を育てていると言えます。

大学教員として、就活中の学生と世間話をしたり、彼らの相談に乗っていると、ようやく彼らの人物像に接することができます。彼らは就活で負け続けると初めて素直になり、アドバイスを求めて来ます。私は企業に勤めていた最後の二年、部長職として「入社面接」を担当しました。だから、採用のカラクリを知っています。履歴書やエントリーシートで、やってはいけない書き方は分かります。趣味の欄に「読書」「音楽鑑賞」を書くなと言います。また、就活学生が知っていて損はない情報なら一社会人として提供できます。だから、「もっと早く話しに来てくれたらよかったのに」と思うことがほとんどです。「時すでに遅し」という場合が多いのが本当に残念です（そうは告げませんが）。

第5章で学生の「心の病《やまい》」のことに触れましたが、就活時期の浮き沈みによる困難は、彼らのそれまでの人生において最大のチャレンジです。「内定が取れない」状態は、「拒否されている」ことを意味します。幼い時から、ずっと親の庇護《ひご》のもとにいた彼らが、初めて「だめだ」と言われるのですから、精神的なダメージは大きいです。友人がどんどん内定をとっていくのに、自分が一つもとれず、自分で自分を全否定するような学生だっています。人生最初の「大いなる挫折」に見舞われるわけです。時間切れとなって就職先が決まらない学生にとっては、就活はトラウマになります。簡単に志願者を拒絶する企業側は、このことをどれほど気にしているでしょうか。

大学の授業はつまらない？

ところで、「誰もが大学生になれる」ユニバーサル化に教員側がうまく対応しているかどうか、考えてみましょう。日本の大学は一九七〇年の時点ですでに「マス段階」に突入しています。大学に来る学生の量からすれば大衆化の段階に達しているにもかかわらず、教員側の意識や価値観、教育方法が「エリート段階」のままかもしれません。教員の側に問題はないでしょうか。

大学教員の仕事は主に、「研究」「教育」「学務」「学外への貢献」だと言われます。この四つについて、それぞれの教員の目標や資質、育ち方によって重点の起き方はまちまちです。教員はそれぞれが専門を持っています。専門領域で得られる知見を学生に伝えることが大学教員の教育活動だと言えるでしょう。では、大学で「教える」場面ではどういう現象が起きているでしょうか。

大学教員になる場合、「教師としての側面」よりも「研究者としての側面」が重視されます。大学で教員を採用するプロセスでは「専門」の教員から構成される人事委員会の存在がとても重要です。つまり、日本の大学の教員とは、教育者というよりも研究者と捉えられるのです。

しかも、アカデミックな教員にはそれぞれの師匠（育ててくれた先生）の指導方法や教授方式が色濃く伝授されているものです。

なので、多くの人は自分が受けた教育と同じ教育をする。学生時代にレジュメを読み上げるだけの授業ばかり受けていれば、教員になったときも同じようにやってしまう可能性は高いでしょう。そういう悪循環があるから、工夫ある授業をできる教員は案外育ちにくいものです。

大学教員になるという意味は、「教えたくて教員になる」というよりは、「研究したくて教員になる」パターンがほとんどです。ひとりの学生が、学部、大学院（博士課程）、学位取得、研究室所属、ポスドクと武者修行を経て大学教員になるという、この一連のプロセスで、「教授法」「指導法」「教育心理学」「教育史」「教育学」を学ぶ機会はあまりありません。大学の教員になるための免許は存在しません。その意味で、彼らのことを「教育のプロ」とは必ずしも言えません。多くの大学教員は「教え方」を知らないまま、見よう見まねで、教壇に立つのが実態です。

例えば、大学の教員に対してよくある批判は、「教え方が下手」というものです。「べらべら一方的にしゃべっている」というものが多いです。九〇分の講義で、メリハリをつけるとかブレークを入れることは一考に値します。また、学生に対して質問の仕方を知らないという欠点を抱えている教員は多いと思います。

今どきの学生は、教員が質問しようとすると、一斉にうつむくので、教員はたじろいでしまいます。結果、しゃべり続けるのが楽という事情があります。もしも、「質問をして五秒後に自分で正解を言う」とか、「誰かが正解を言うまで、質問の仕方を変える」という「質問の技術」を駆使すれば、本当は大人数の講義でも違ったものになるはずです。

若手教員の困惑と不安

大学の教員といっても年齢は様々です。専任の教員で一番若い三〇歳前後の講師がいる一方で、定年（多くの大学は六五歳）前の教授まで、広がりがあります。サラリーパーソンでも、世代による労働観や社会観、職業意識のざっくりした違いがあるように（例えば、若い従業員は、時間外労働よりも私生活を優先する、上司との飲み会に参加しないなど）、教員の間でも世代の差があり、世代ゆえの大学観や職業観の差もあるでしょう。

それとは別にユニバーサル段階では、大学教員が置かれている状況にも違いがあります。「大学の改革」が今後も言われるときに、あと何十年も大学で働き続ける若手の教員はさまざまな「改革」につきあわされることになりそうです。

そんな問題意識から、「若手」の大学教員が一三人で、『反「大学改革」論』（ナカニシヤ出版、二〇一七年）を出版しました。「若手の先生」が置かれている状況や苦悩が垣間みられます。

「これから大学はどうなっていくのだろうか」という問いに対して、「もっとも切実に受け止めているのは、いわゆる『若手』、つまり三十代から四十代にかけての大学教員・研究者であろう」（同書「はじめに」の冒頭）と、自ら「若手」を名乗る北海道教育大学准教授の古川雄嗣さんは言います。

《この世代（若手）は、一九九〇年代以降、急速に進められてきた一連の「大学改革」のただなかで、大学、大学院、そして大学教員・研究者生活を経験してきた。つまり、この世代は、自分たちが学生の頃に経験した「大学」が急速に姿を変えていく、その過程を、肌身をもって実感してきた世代なのである》

《また、文部科学省が主導する「大学改革」（中略）に恩師をはじめとする上の世代の大学人たちが、不満や絶望を漏らしながらも従わざるをないでいる姿を、間近にみてきた世代でもある》（同書「はじめに」）

古川さんは言います。仮に文科省などから来る「大学改革」を「外」からの圧力とすると、若手を苦しめるのは「内」にもあると。それは学生からの懐疑や批判の「内からのまなざし」だと言います。これが若手に困惑と不安を抱かせるというのです。どういうことでしょうか。

キーワードは「教養主義の没落」です。「没落」が一九九〇年代後半に起きたとする説（竹内洋『教養主義の没落――かわりゆくエリート学生文化』中央公論新社、二〇〇三年）に従うと分かりやすいでしょう。教養主義が没落する前後に大学に入学した世代である「若手」はいわゆる「教養」の残り香《か》を知っているようです。

しかし、若手の教員が相手にする今の大学生は、「教養主義が没落した」後に生まれ育っており、「教養」と縁の薄い存在であるというのです。

そうすると、次のようなことが起きると言います。

《第一世界大戦と第二次世界大戦の区別もつかない。日本がいつどこと戦争をしたのかも知らない。しかも、それを知らないことに何か問題があるのか、私には何の関係もないことではないかと、彼らは問うのであり、教員はまず、その問いに答えること――それは実際、かなり難しい――からはじめなければならないのである》（同書、iiiページ）

近代史の基本的な出来事を知らないのは、教養以前の話だと思いますが、「それを知らないことに何か問題があるのか」と言わせてしまうことには、たしかに若手であれ、上の世代であれ、大学教員を狼狽《ろうばい》させます

大学の耐えられない軽さ

次代の大学を担う「若手」教員が、今後も押し寄せる改革という「外」からの強制的な圧力と、かつての教養と無縁な人たちという「内」からの懐疑のまなざしとのはざまで、「絶望交じりのため息と愚痴をもらし、ある者は苦悩しながら」（古川さん）過ごす状況をどう考えればよいでしょうか。

私を含む、大学における教養主義の何たるかを知っている「上の世代」（私が高校生の時、旧制高校を卒業した国語教員がおり、その博識や知性は、遊びたい盛りの子供に間違いなく畏怖《いふ》の

念を与えていたものです）が消えていくにつれ、ますます現在の大学が変貌を余儀なくされるに違いありません。

ユニバーサル段階の大学は多様な学生を相手にしなければならず、質的な変容を迫られると前述しました（一〇六ページ参照）。この流れの中で、学生に対峙する教員の側は外からの圧力と内からのまなざしにさらされているのです。

「大学は死んだのか」「大学はゾンビか」と問われる時、教養主義が復活する兆しは今のところ見えません。大学と教養の関係は今後どうなるのでしょうか。

今から一〇年ほど前、『中央公論』誌が大学の特集を組みました。その時のタイトルは「大学の耐えられない軽さ」（二〇一一年二月号）でした。その後、大学がさらに軽くなったのかどうか気になります。

コラム８ 「ハケンの品格」と非常勤講師

日本には約七八〇の大学があり、約一八万人の専任教員がいます。この数字に入るのは教授、准教授、（専任）講師など「専任」の教員です。これとは別で非常勤講師が大学の教育を支えています。ラフに言えば、会社の職場に正規従業員と非正規の人がいるのと同じです。

非常勤講師とは、大学に所属しないものの、自分の専門分野を学生に教える人のことです。特定の科目（コマ）だけを担当します。授業を受け持つ以外の仕事はありません。会議やイベントに出席する必要はありません。入試業務も課せられません。

私は、報道機関に勤めている時に、「ジャーナリズムを教えに来ませんか」というお誘いを受けて、毎週土曜日、非常勤講師として私立大学に講義に行っておりました。時間が来たら教室に行き、講義が終われぱハンコを押して帰ってくるだけです。それでも、学生の成績を評価し単位を発行するのですから、責任は重大です。

ごく普通の大学では、全体の科目（コマ）数の三―四割は非常勤講師が担っていると言われます。教室の学生にすれば、誰が専任で誰が非常勤かは分かりません。会社の職場で、外の人には正規の人と派遣の人の見分けがつかないのと同じです。

大学教員になる人の多数は、大学院まで進学し博士号を取得します。かつてはこの間に指導教授の取りはからいを受けて非常勤講師になる方法が組織化していました。

大学教員になるためには、非常勤講師の経験の有無が決定的な条件になるので、非常勤講師のポジションは奪い合いになります。そのためかどうか、非常勤講師の賃金は誰もが驚くほど低いです。

非常勤講師として「古代ギリシア語」や「ラテン語」などを教える友人がいます。ついぞ専任の教職が得られないまま、五〇代が終わろうとしています。月曜から金曜まで、都内のあちこちの大学の教室から教室へ移動の日々です。年収？　推察できます。ワーキングプアーという言葉が頭を横切ります。

非常勤講師の待遇の悪さは、根の深い、そして、誰にとっても頭の痛い問題です。対処療法では改善できません。この点は、正社員と非正規、派遣、アルバイトなどが同じ職場にいる一般企業と同じです。ビジネス社会で起きることが大学で参考になるか。『ハケンの品格』をチェックしようかな。

第9章　勉強させない国

第5章で、日本の学生は勉強しないという現象を、データを用いて論じました。「勉強しない大学生」は言葉の矛盾に見えます。キャベツを置いていない八百屋、サンマを売らない魚屋のようなものです。

しかし、日本の大学生が勉強しないのは、多くの大学卒業生が我が身を振り返って実感していることですし（例外も多いですが）、海外でも知られています。東北大学教授の大森不二雄さんは、日本人学生の勉強時間が少ないことについて、「日本の当たり前＝世界の非常識」となっており、「大学入試がゴールで、大学入学後は真剣に学習しない」と述べています（「経済教室」『日本経済新聞』二〇〇九年一〇月二三日）。

実は「勉強しない大学生」は、日本の大学を語る時の大きなテーマです。

本章では、日本の大学でなぜ学生が勉強しないのか、その問題を探ろうと思います。とはいえ、最初に言っておきますと、学生を一方的に非難することは間違っています。大学にも問題があるでしょうが、実は、日本社会のしくみに問題がありそうです。ショッキングな言い方ですがこの国には、若者に「勉強させない」構造があるのです。

「ミスター円」の証言

日本人学生が勉強しないのは、彼らが怠惰で大学での勉強に向いていないか、と言ったらそんなことはありません。

日本の学生は国外の大学に、数か月の体験留学でない、「本物の留学」をするとよく勉強します。むしろ、日本人学生は他の国の学生と比べても、まじめによく勉強する部類に入るとさえ思います。

私は通算二年間、米国の大学で過ごしていますが、自分のことはさておき、勉強熱心な日本人をたくさん見てきました。

米国の大学で授業の単位を取るということは、予習と復習（特に予習）にたくさんの労力と時間が要求されます。予習しないまま授業に臨むと、たとえ英語を聴き取る自信があったとしてもプロフェッサーの言っていることはなかなか理解できません。

授業に出席していて「つらい」と感じるのは、当てられて、何も言えないことです。誰だって、大勢のクラスメートの中で、当てられて、もぞもぞするだけで何も言えないという恥をかきたくありません。そういう状態を避けたい一心で予習します。さらに、クイズと呼ばれる小テストも出されるので、準備しないまま授業に出ることは無謀であるとも言えます。

授業は、分厚いシラバスに書かれた詳細に沿って進むので、受講生があらかじめ、授業内容の筋書きを知っている前提で行われます。別の見方をすれば、シラバスを読み込んで、教科書に書かれたことを理解して授業に臨めば、少なくとも、先生に当てられても何か発言することができます。予習段階で、先生の問い掛けをイメージトレーニングできるからです。言葉が違う国の授業で良い成績を修めることは難しいアウェイゲームを戦うようなものですが、どの留学生もたどる道です。先生は外国人学生の一所懸命ぶりをそれなりに考慮します。

米国の大学のシラバス（科目案内。日本の「シラバス」とは概念がまるで違っています）もよくできていて、各授業で毎回「テキストの何ページから何ページまで読んでおくこと」ということが細かく書いてあります。シラバスに従って予習することになります。しかし、その分量が多く、まして母国語でないという過酷なハンディキャップを背負っているので、一週間のうちに三―四科目でも取ろうものなら、空いている時間を全部予習に充《あ》てても、うまく準備することができません。私も、要領を得ない初期の頃は、うまくこなすことができず、途方に暮れる感じで授業の前の晩を過ごしたことがあります。

東大出身で、「ミスター円」と言われた旧大蔵官僚の榊原英資さんは次のように証言しています。

《東京大学でしっかり勉強したという記憶はない。（中略）というのは、東京大学は入学したあと、それ程勉強しなくても、進学・卒業できるからだ。それに反し、アメリカやイギリスの大学では、宿題やリーディング・アサインメントも多く、しっかり勉強しないと、落第しかねないからだ。筆者（榊原さん）は、アメリカのミシガン大学で大学院に入り博士号を取得したが、ウィークデーは夜中まで図書館で勉強したのを記憶している。それをしないとついていけないからだった。東京大学の時とは全く異なった状況だったのだ》（『母校・日比谷高校を凋落させた『学校群制度』という愚行』ウェブ版『論座 RONZA』、朝日新聞社、二〇二〇年四月六日）

榊原さんは「東京大学もランキングを上げるためには、もっと宿題やリーディングを課して学生を勉強させなければいけないのではないだろうか」と結んでいます。

米国人が成績にこだわるわけ

米国の学生が、勉強するのは、良い成績を結果として残さないといけないからです。就職や進学に影響します。とりわけ、修士課程や博士課程では、ＧＰＡ（履修した科目全体の成績を〇・〇から四・〇の五段階で表す）が三点（総合評価に換算すると「Ａ」もしくは「優」に相当する）以上など、足切りで使われるので、単位さえ取れればいいや、ということになりません。その意味では、ＧＰＡは一生ついて回ります。また、米国人の学生は奨学金を得ているケースが多く、ＧＰＡが悪いと奨学金が直ちに打ち切られるという事情もあります。

話がわきにそれますが、米国の大学教員と雑談をしていると、比較的よく出てくる話題に、学期ごとの評価に関する学生からの「苦情」があります。ＧＰＡで良い結果を残そうと、教官がつけた点数（グレード）に対して、学生が異議申し立てをしてくるのです。「先生、私、なぜＢなのですか。Ａを取った友人と同じように出席をし、課題も提出しました」と言ってくる学生を納得させなければなりません。下手すれば、訴訟が控えているので、教官は合理的に説明する必要があります。米国では、ローンで支払った学費を学生本人が卒業後に返済するケースが多いので、学生は必死です。中には、ほとんど言いがかりのような、学生から脅しと懇願が混ざったクレームが来ることもあると言います。

米国ウィスコンシン大学のアキ・ロバーツ准教授は、自著『アメリカの大学の裏側』（朝日新聞出版、二〇一七年）の中で「学期末に最終成績を出すと一応その学期に関する教員の業務は終わり、大学は休みに入る。しかし、成績を出した後が一番気が休まらない。ほとんどの場合数人の生徒が成績にクレームを言ってくるからだ」と言っています（一九二ページ）。

私の長年の知人で、ボストンで経営コンサルタントとして活躍するジョン・コチーバさんは、ある大学の准教授でしたが、学期が終わるごとに、学生が成績のことで交渉しにくるので、嫌になって辞めてしまいました。それくらい、米国の学生は、卒業後に付いて回る「成績表」のことを考えるので、自分の学業評価については必死です。

当然ながら、多くの教員が学生との交渉に苦労しているらしく、成績は甘めにつける傾向が出てきており、「成績インフレ」が生じているそうです。ロバーツさんによると、全米の四年制大学では四二％の成績がAだそうです（同書、一九三ページ）。これは、一九六〇年代と比べて成績の中でのAの割合が三倍に増えたことになります。

勉強させない構造

日本の大学の話に戻すと、学生が勉強しないのは、もっと総合的に分析すべき構造の問題であるように思います。日本の大学生が勉強しない現象を、日本社会の中の大学と位置付けて、構造の問題と捉えて検討してみましょう。

「大学生」を中心にして、彼らと直接の関わりのある「保護者」「大学（教員）」「企業」の四者に登場してもらって、構造を考えます。「企業」が登場するのは、多くの場合、学生は就職するために大学に入学するからです。研究者を目指す学生はこの際、除外しています（本当は大学は研究組織なのですが、別で扱うのがよさそうです）。また、卒業後に大学院に進学する学生は、このサイクルには入りません。

ここで出てくる企業は、新人を大量に採用する企業をイメージしています（入社後の社員教育をせず、即戦力を必要とする企業は除外します）。

大学や学生、企業といっても、現実にはまちまちで、一概に論じることはできません。以下は、大学を出たら就職を目指す、よくある学生像を主体にしています。

《親の見方、言い分》

「無事、良い会社に入ってもらえれば」

子供を大学に送ったのは、好きな勉強してもらい、できれば良い会社に就職してほしいと思う親心である。小さい時からお稽古《けいこ》ごともさせ、塾にもやった。部活も勧めた。子供が大学に無事入ったら、後は大学で出会うサークル仲間、先生、バイト先で会う人たちとうまい関係を作り、うまく乗り切ってほしいと願っている。一生の友だちとめぐりあってくれたらうれしい。

研究者になってほしいと思って大学に入れたわけではないので、後は大学生活を楽しみながら、四年後に良い会社に入ってもらったらいいいと願っている。

私は多くの日本人と同じく会社人間だ。おそらく、同僚も大学生活については似たような感想を持っているだろう。職場の同僚が「どの大学を出たか」については、会社では誰でも知っている。でも学部までは知らないものだ。時々、「え？　あの人、農学部出身なんだ」「〇〇さん、哲学やってたらしいよ」ということがあるが、それ以上に話が深まることはない。大学の専門まで思いが回らない。「専門」があてにならないことは自分に照らし合わせて分かる。

私は、平均よりはちょっとましな私立大学の〇〇学部〇〇学科を卒業した。学生時代はそれほど勉強しなかった。講義をする先生はどの人も何かの専門を持っているが、その先生の弟子にでもなろうと思わない限り、その授業を隅々まで吸収してもしようがないではないか、と思っていた。世間知らずの「純粋培養」の学者先生には、サラリーマンの機微《きび》など分からないだろうし。

むしろ、子供が大学時代に身につけるべきは、適度な社交性だろう。帰りがけに、さっと飲み会を開催できるというのは一種の能力だろう。誰もが持っている力ではない。冠婚葬祭でちょっとした挨拶ができることも重要だ。社交性とはそういうことだと思う。

初対面の人とでも挨拶ができることは重要だ。AI時代でも社交性は必要であるに違いない。大学の四年間で、自己肯定感を養ってほしい。人の中にまみれて、臨機応変の態度が取れることは一生の財産だと思う。おそらく、それはコミュニケーション力の源泉でもあるだろう。地方で暮らす、外国で暮らす場合にも強い武器になるだろう。おそらく、英語など外国語で上手にコミュニケーションが取れる人は社交性に富む人ではないか。

仕事の力？　仕事で必要なスキルは会社に入ってから学んだ。日本の会社は大会社ほどメンバーシップ型だから、そこの一員であることに価値がある。固有の仕事のスキルを買われて社員になっているわけではない。

《学生の見方、言い分》

「良い会社に入りたい」

そもそも勉強に関心がない。大学に来たのは、就職のため。高校を出て大学に進学する人の方が、そうでない人より多い。大学に入るために受験勉強はした。受験科目以外は、勉強していない。親も四年間の学費として数百万円を出す。

大学生の卒業後の進路で最も多いのは就職である。それならば、高校生のうちから就職のことを考えて大学を選ぶというのは十分考えられることである。大学の価値とは入学試験の偏差値が表すのだろう。

ＡＯ入試や推薦入試で入った友だちがいるが、いざ大学生になってみると、学力試験で入った自分と、彼らと大差ない。学力入試の人だって、二―三科目だけの入試で入ってきたのであれば、その人が「勉強できる」ということにはならないだろう。

高校時代、親は、「勉強しろ」とうるさかった。「良い大学に行って、良い会社に行け」が親の願いだ。良い会社に入ったら、友人にも自慢できる。とりあえずのゴールは、良い会社に行くこと。

それゆえ、できるだけ偏差値の高い、コスパのいい有名大学を目指すことになる。大学が先にあって、それから入りやすい学部を探す。穴場学部を探す人は多い。

もちろん、見栄を張る。表面上の素振りでは見せないが、どんな高校生でも、東大、京大、早慶を頂点とする偏差値ヒエラルキーのことは知っている。都内のA大学とB大学の偏差値の差には敏感だ。コンマひとつでも高い偏差値の大学に入りたい。

大学生となった今、勉強するメリットが見出せない。授業で良い点を取ったと言ってどういうメリットがあるのだろうか。大学に入ったとたん、誰からも「勉強しろ」と言われなくなった。

高校までの教科と違って大学の科目は参考書もなく、授業を聞いていてもよくわからない。先生はたしかに資料を配ってくれたり、レジュメに基づいて授業をするが、高校と違って「〇〇概論」「〇〇特論」などというもったいぶった科目が何のためにあり、この科目を履修するとどんな良いことがあるのかよく分からない。

そもそも、高校生が学部を選ぶことが難しい。このことがあまり議論されていないことが不思議だ。

大学進学において、学部や学科を選択せよというのが無理な注文だろう。高校生は大学の学部のことをよく知らない。偏差値だけを見据えた勉強ばかりをさせる受験優先の高校生活だ。だから、先入観やイメージだけで学部や学科を選ぶ。その結果、大学で、講義の内容に興味が持てないという学生が多数発生する。

いや、下手に「将来やりたいこと」のイメージを持っていると悲惨な結果になることもあるらしい。村上春樹の小説が好きで、国文科や日本文学科に入っても、くずし字や万葉仮名の学習に時間が取られるらしい。結局、入った国文科では、村上春樹を教える先生がひとりもいなかったりして。

バリバリの英語使いになろうと思っても、そういう大学も実はあんまりない。同時通訳学校に行く方が良いらしい。

大学で教えられている学問は専門的で細分化されすぎだと思う。大学の科目群は実は大学教授などアカデミックな世界で生きていく人のためのものだろう。

日本の大学生は全然勉強しないとよく言われるように思うが、なぜ勉強しないのかを大人は考えるべきだろう。

とにかく、大学というところ、ミスマッチの連続だ。

今どき、大学のキャンパスまで通って大教室のマスプロ講義を聴きに行く必要性があるのだろうか。コロナショックで、「オンライン授業で十分じゃないか」と思った人は多いと思う。

就職が大事だと思っている。先輩から聞いている話では、就職では、大学の成績は関係ないらしい。むしろ、社交性やコミュ力だろう。

「AI時代で先が読めない、有名企業だけがすべてではない」とさんざん言われてきたが、それは建前であって、誰もが知る大企業に入りたい。大企業に入るとさまざまな有形無形の特権があるのではないか。どんな会社に勤務しても、上からの指示をきちんとこなせばやって行けるに違いない。

大学の先生って、授業が下手すぎる。授業の初日では、好奇心もあり、「この授業、おもしろそう」と思って出席する。でも、飽きてくるし、「この先生、つまらないよな」という思いがだんだん強くなるものだ。

年寄りの先生が、前でぼそぼそ何かを言っていて、自分で受けてる場合もある。きっとこの先生、この授業を数年間、同じ調子でやっているのだな、と思う。高校まで、先生はエネルギッシュな人が多かったし、一応、板書もちゃんとやっていた。大学の先生って、黒板を巨大なメモ帳くらいにしか思っていないのではないか。

でも若い先生は概して、たのもしい。教員の世代差がある。若い先生ほど授業も工夫している。きっと、教授陣の間でも世代間のギャップがあるのだろうな。古い先生って、自分は偉いと思っている。でも、大学の先生というだけで尊敬はできない。そういう時代じゃないよね。

《大学教員の見方、言い分》

「どうせ、学生は勉強しない」「彼らの関心は、就職であって、勉強して進学することではない」

約一五〇人の学生を相手にして、多めに見積もって積極的な学生は二〇人いるかな、というところだ。

ユニバーサル化の時代、誰でも大学にやってくる。ＡＯ・推薦入試で入ってくる人は、勉強はしていないけれど、要領は良い。少なくとも返事は良い。

学生の学力が落ちている。大学が増えすぎたせいもあるが、高校までの教育に問題があるのではないか。あるいは、若い人がモノを知らないのは家庭教育が悪いからかもしれない。家に普段、父親がいないのだろう。社会常識や教養が伝わっていないんじゃないかな。母親とは近いけど、「勉強しろ」しか言っていないのではないか。

自分が大学の教員になったのは、学生たちに教えるためではなくて、自分の好奇心に根ざす研究対象に向かうためだった。

大学教員として、大事なものは研究時間である。たしかに学生たちに教えることは意義がある。食いついてくる学生は鍛《きた》えがいがある。しかし自分の専門領域に関心のある学生ばかりとは限らない。

ほとんどの学生は、単位のためと割り切っているので、こちらとしてもやる気が起きない。

下手に授業に前のめりになると、研究時間が減るので、ほどほどが良いかと思っている。期末課題の答案を採点するのは時間ばかりかかって、全然生産的じゃないし。

学生を見ていて思う。この人たち、なんで、ウチの学部に来たのだろう。大学名で選んだのだろうか。大学ブランドが先にあって、偏差値との兼ね合いで来たのかな。就職の希望を聞いてみると、専攻分野と接点があるように思えない。会社に就職するということはそういうことか。高校の先生はどんな指導をしているのか。

企業に言いたい。学生の就職活動が大学に影を落としているとしたら、その責任は大学教育を軽視する企業側にこそあるのではないか。学生は三年生になる前から、講義よりも就活を重要視する。プレゼン担当をする学生から「先生、来週、会社説明会があるから休みます」と言われることがある。「いいけど、減点だよ」と言えないのがつらい。

授業と会社説明会のどっちが重要か？　学生にしたら説明会に決まっている。

企業は一体、何を考えているのだろうか。大学ブランド、つまり入学時の偏差値頼みで新入社員の採用をしている。つまり、肝心な大学教育の質を見ていない。

そもそも、企業で出世する人は大学でちゃんと勉強したのか。「私の履歴書」の類を見ると、学生時代に勉強しなかったことを自慢する武勇伝が多すぎる。つまり成功した経営者などの自慢話で、スポーツに熱中して試験を受けなかったけれど、先生が温情で単位をつけてくれ、卒業させてもらったというような話を目にする。大学教員の率直な感想として言わせてもらうと、百害あって一利なしだ。

心配なことがある。コロナショックでオンラインの自宅学習が進んだおかげで、教材や講義風景が拡散することだ。講義がうまいか下手か、今以上にばれそうだ。講義が教室の外に出る前提で行われると、「揚げ足を取られたくない。余計なことは言うまい」という気分になる。つまらない講義になりやすい。反面、話のうまい教員がもてはやされるかもしれない。教員にエンタメ性が求められ、オンライン上で他大学と競争させられるのだろうか。

オンライン講義が一般化したことの利点のひとつは、オンライン講義用のZoomを短期間で習得できた教員とそうでない教員がいることが明らかになったことだ。

これって、大学改革上は大きな一歩かもしれない。

《企業の見方、言い分》

「新入社員は下手に専門知識をもたないでほしい」

人材は企業の本質である。少しでも優秀な人を採りたい。状況変化が激しい時代では、機転の効く、とらわれない発想を持ち、粘り強く問題に対処できる人がほしい。若いセンスで「世の中、何が問題か。どこに商機があるか」について敏感な人がほしい。一つの専門に凝り固まった人はむしろ不利だろう。

学生に望むのは、会社に入ってから成長する潜在力だ。伸びしろだ。

学生が勉強しない、というのは困ったものだが、実は企業は学生が大学で教わる内容について期待していない。学生が自称「〇〇学が専門でした」と言ったところでたかがしれている。

学生には、勉強する習慣というか姿勢は持ってもらいたい。変化が激しい時代だから、新型ウイルスとどう共存すべきか、ビジネスの今後を占う見地から、社会と科学との関係などその方面の知見は持っていてほしい。その意味でニュースセンス（価値ある報道を探し出す能力）はぜひ、と思う。

学生の教養？　シェイクスピアを知っているより、インバウンド客と英語で話せるということが教養じゃないのか。最新の経営理論を知っているよりも、会計ソフトが使えるのが教養じゃないのか。大学は雲の上のような高尚なことより、実務に役立つことを学生に教えるべきじゃないか。

仮に、専門ジャンルの知識を持っているとしても、二二―二三歳の人が持っている知識では、我が社の商品開発や顧客開拓に役に立つとは到底思えない。

ＡＩ時代、そのような知識はすぐに陳腐化する。ＡＩができるものはＡＩにやらせれば良い。

私たち企業が学生に期待するのは、ＡＩ時代におけるマルチの才能であり、いろいろな状況に立ち向かってくれる人だ。時代を読む力や業種を越えたネットワークが大事だ。

変動の時代、予期せぬことが起きる時代に、たしかに個性は大事だ。皆が皆、金太郎アメのようであっては困る。

だから大学に期待することは、個別の学問内容ではない。打たれ強く、へこたれない忍耐力、機転の利く柔軟な心を持った人を作ってほしい。あいさつができ、日々のニュースにも明るい人がいい。多少嫌なことに対しても嫌な顔をせずに立ち向かってくれる前向きな性格をもった学生を供給してくれることを大学に望む。

大学と勉学はセットではない

以上、学生と大学の教員と受け入れ先の企業、それに学生の保護者の言い分を見ました。この四者の関係は、学生の親である保護者からスタートすると考えると理解しやすいです。要約します。

（1）《親》一八年かけた子供の教育。塾にも行かせ、部活もさせた。その完成形が大学生になった我が子だ。子供を大学に入れた以上、後は、ブランド企業に行ってもらうだけ。子供に「勉強しろ」と言う気はない。「良い会社に入ってね」だけだ。

（2）《学生》大学に来たのは卒業後の就職のため。大学の授業はつまらない、必死にはなれない。親も「勉強しろ」と言わなくなった。楽して単位を取りたい。就職に際して、企業は成績を重視していないらしい。自分のコミュ力は気になる。良い会社に入って、親を喜ばせたい。友人に自慢したい。

（3）《大学教員》本気でない学生を見ているとやる気がなくなる。学生の主たる関心は勉強ではない。「教える」よりも「研究する」ほうにエネルギーを使いたい。

（4）《企業》大学の成績は問わない。応募に来る学生には、社交性、打たれ強さ、粘り強さ、機転を働かせる力、協調性に期待する。その上で、個性はほしい。「私はこう思う」を持っている人は強い。

この（1）から（4）のどれを見ても、大学生の「勉強」や「学業」が主役ではないことが分かると思います。つまり「勉学に力を注ぐこと」は（1）→（2）→（3）→（4）→（1）という循環の中で決して主役にはなっていません。

冒頭に八百屋ならキャベツを売る、魚屋ならサンマを扱うと言いましたが、どうやら、必ずしも「大学生と勉学はセット」ではないようなのです。

これまた余談ですが、新型コロナウイルス騒動でテレワークが促進されたために分かったことがあります。会社勤めの人で、家庭内で書斎はおろか勉強用の居場所を持っている人は必ずしも多くないということです。社会人も「勉強する」習慣がないのでしょう。

設置基準に違反？

ところで「大学生が勉強しない」状況は、大学のハード面、ソフト面のルールである設置基準（第2章参照）に抵触しているおそれがあります。

まず、大前提として、学生が「学士号」という学位を得るための要件として、それぞれの科目に付された「単位」をみなければなりません。設置基準のルールによると、大学の学部を卒業し、「学士」の学位を得るには四年以上在学し、最低で一二四単位を取得する必要があります。

一単位の重みはどのようなものでしょうか。これも規定されていて、学生が一単位を得るには、四五時間、学習に充てることになっています。現実には、多くの科目は、語学や実験系の科目を除き、二単位としてカウントします。

例えば、私の担当している科目「メディアとコミュニケーション」は、一五週で完結しますが、この科目は二単位の教科です。これで行くと、「一単位＝四五時間」の二単位分、つまり九〇時間を一五回での授業で、学習（文科省としては「学修」を使っている）しなければなりません。

「九〇時間」の意味は、（1）出席する授業の時間と（2）予習、復習、自発的な調査などを併せたものです。この前提を満たした上で、教員の私が、試験（あるいは期末課題）を課した上で「合格」と判断すると、初めて、「メディアとコミュニケーション」という科目を無事修了したことになって、学生には二単位が与えられます。卒業する、つまり学士号を得るには全部で一二四単位必要です。

これが、設置基準のルールです。もっと言うと、「一つの科目を学ぶということは、それくらい勉強してくださいね」という設置基準を作った人の願いであるかもしれません。

大卒（学士）とは、卒業単位数が示す学修時間に相当する学業を成したことを大学によって認定された者ということになります。

では、本当に学生が、一五回の授業で、九〇時間を「メディアとコミュニケーション」に充てているのか、という現実を考える必要があります。九〇時間を一五で割ると六時間です。東京理科大を含む多くの大学の時間割では、一つの科目の教室における所要時間、つまり前述の（1）出席する授業時間は九〇分です。そうすると、学生は平均すると週に六時間から九〇分を引いた時間、つまり一週間のうちで毎回四・五時間を、授業以外に（2）の「予習や復習、自発的な調査など」に充てていることがルールの求める要件となります。であれば、日本の学生が授業以外で一日に平均六〇分未満の勉強時間しかもたないというデータ（第6章参照）は、設置基準が要求する学習時間のはるか下のレベルにあるということを意味します。設置基準に違反していることになります。

正直に言うと、私のクラスの学生が、毎週六時間、メディアやコミュニケーションについて勉強しているかといったら、首をかしげざるを得ません。教える側の私のやり方もまずい面については反省至極です。

一日「八時間学習」が基本

明治学院大学の田澤元章さんは、設置基準が求める学士号の認定を同大学（法学部）に当てはめると、「大雑把に言えば、これは、週五日毎日平均約五時間以上の学修を四年間続けるか、学期中（年間約八カ月）だけ勉強するなら週五日毎日平均約八時間以上の学修を四年間続けることに匹敵する。この時間数以上の学修を行って卒業要件の単位数を取得した者が、大学卒の学歴となるというのが法令上の建前である」と見解を述べています（「大学設置基準における単位と学修の考え方」、明治学院大学のウェブサイト。二〇二〇年七月下旬確認）。

これによると、大学の卒業要件を満たすには、「大学生は一日八時間は勉強すること」であり、これは社会人の「一日八時間労働」と同じ時間水準であることが分かります。おそらくは、設置基準による学士号に必要な単位の考え方は、社会人の労働時間の水準から割り出したと考えるのが順当です。

戦後の日本の大学の単位制度は米国のシステムを真似《まね》たと言われますが、「勉強しない大学生」を見るといつのまにかその精神が骨抜きになっているとも言えます。

卒業生の七割以上が就職

「勉強しない大学生」を考えるときに参考になるのは、大学を卒業する学生の身の振り方です。文科省が毎年発表している、大学生の卒業後の進路（状況）調査を見ると、二〇一八年三月に、日本の大学（学部）の卒業者数は、五六万五四三六人（男子三〇万五三二五人、女子二六万二一一人）でした（前年度比二三二七人減少）。

このうち、「大学院等への進学者」は六万一六五五人（全卒業者数の一〇・九％）で、「就職する人」は四三万六〇九七人（同

大学生の卒業後の進路

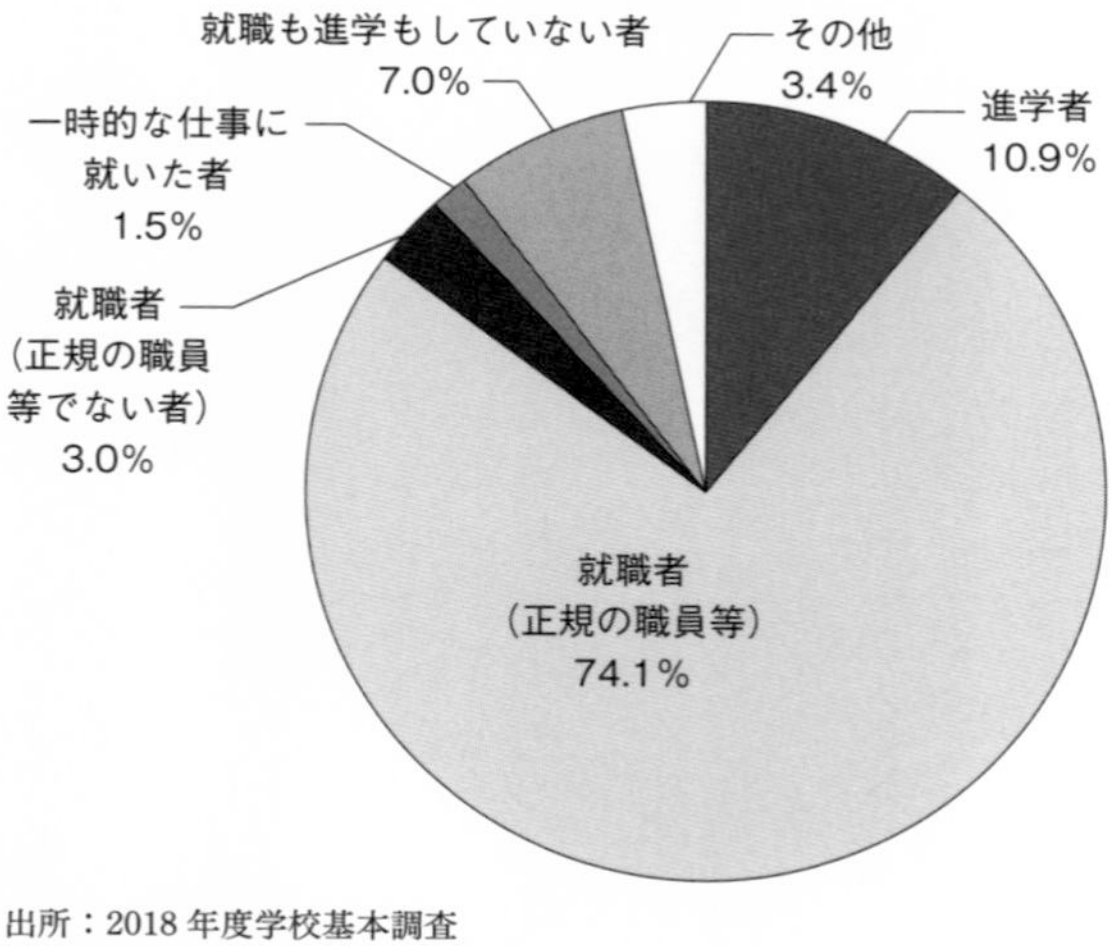

出所：2018年度学校基本調査

七七・一％）でした。「臨床研修医」九六〇三人（同一・七％）、「専修学校・外国の学校等入学者」五一七五人（同〇・九％）、「一時的な仕事に就いた者」八六八四人（同一・五％）、「左記以外の者」三万九八五四人（同七・〇％）となります。

大学の役割を考えるとき、学部学生の七七％が就職し、一〇％が大学院に進学するという数字をみると、学生のニーズをどう汲み取るかについて考えざるを得ません。八割近い集団の就職する若者に、大学としてどんな資産を持って卒業してもらうのか吟味することは教員として考えるに値すると思います。

企業が学生に求めるもの

一体、企業が学生を採用するとき、学生のどんな点に期待しているのか。このことについて、日本経済団体連合会がおもしろいデータ発表しています（「新卒採用に関するアンケート結果」二〇一八年七―九月実施。回答社数：五九七社、回答率：四三・四％）。

二〇一八年度の調査結果では、企業が選考にあたって特に重視した点は、上から順に、「コミュニケーション能力」（八二・四％）、「主体性」（六四・三％）、「チャレンジ精神」（四八・九％）、「協調性」（四七・〇％）、「誠実性」（四三・四％）となっています。一方で、学問教育で身に付く「専門性」や「履修履歴・学業成績」はそれぞれ一二・〇%と四・四%です。
どうやら、多くの企業は大学生には学業や勉強することを求めていないということがはっきり分かります。

選考にあたって特に重視した点（5つ選択）

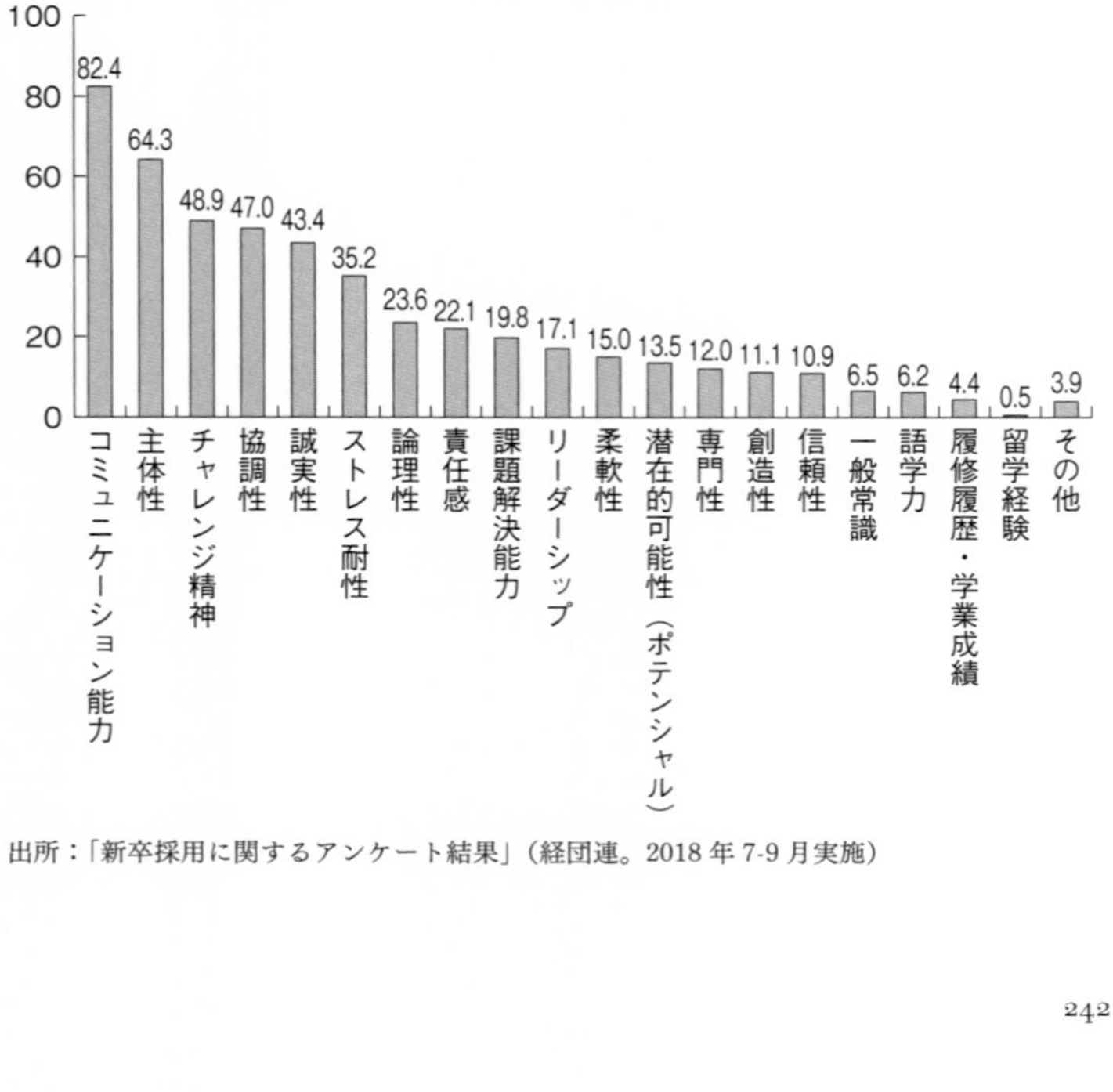

出所：「新卒採用に関するアンケート結果」（経団連。2018年7-9月実施）

「今のうちに遊べ」

企業がいかに大学に支配的な影を落としているかということを示す例を紹介したいと思います。

仮に就職が決まったばかりの四年生の学生と話をするとします。

「就職決まったって？　良かったね。じゃ、入社まで自由だね。海外旅行したら？　会社に入ったら、まとまった休みはないからね」

大学を卒業して会社で仕事をしているあなたは、このようなアドバイスを大学生にしたことはありませんか。あるいは他の人がそのように言っているのを聞いたことはないでしょうか。

就職が決まった後の数か月の学生生活をどう過ごすか、という時に多くの人は言います。「働き始めると、あとは定年退職まで長期休暇はない」と。この後に続きます、「だから、今、遊べ」と。

私も長らく会社勤めをしていたので、従業員が一週間程度、連続で休みを取るのは難しいことをよく知っています。夏休みなどで長く休んだとしてもせいぜい一週間か、土日を二回くっつけた九日間です。

だから「学生の身分があるうちに、休んだ方がいいよ」と言うことになってしまいます。

この考えは、「会社で出来ないことは大学生であるうちにしなさい」を意味します。

つまり、人生の最も重要な部分は「仕事をすること」であって、大学というのはその助走段階に過ぎない。大学とその後に続く会社生活は連続しているものであって、「大学で出来ないことは会社でやる」「会社で休みは取れないので、大学生のうちに遊べ」ということの別表現であるかもしれません。言い方を変えると、大学と会社はセットになっており、片方が片方を補完するというふうに言えないでしょうか。

しかし、これっておかしくありませんか。

この事情を、元大学教員の與那覇潤さんは次のように言います。

《大学教育はもはや、純粋に高校卒業と大卒採用のあいだの四年間をつなぐだけの形式となりはてて、内実など問われていない。もはや死んでいるかもわからないのに、かつて生きていた時代のなごりで、その形代《かたしろ》だけはのこっている、ゾンビのようなものでしょうか》(『知性は死なない――平成の鬱をこえて』文藝春秋、二〇一八年、一六五ページ)

本書の「はじめに」で出てくる「ゾンビ」は、與那覇さんの言い回しを借用しました。私には、企業との関係において大学の立ち位置を言い当てているように思えます。

やがて悲しき大学生

学生からもっとストレートな言い方を聞いたことがあります。

ある授業で、「日本の大学生の勉強する時間が短い。なぜか」をテーマに議論したことがあります。学生はディスカッションの場ではめったに本音を言いませんが、メモを個々に提出してもらうと本音が漏れます。授業が終わってメモを見ると、四〇人の中で三人が、「大学は人生の夏休みだと聞いた。せいぜい遊んだらいい」と言う意味のことを書いていました。

私の目に留まったのは「人生の夏休み」と言う言葉です。今どきそんな言い方があるのか思ったものです。先生か親か先輩に聞いたのでしょうか。

「大学とは何か」への一つの回答として、「人生の夏休み」があるのです。大学とは学ぶところではなく、羽を伸ばすところだ、と。私の時代では、「大学はレジャーランド」という言い方はかなり浸透していました。同じです。それほどまでに、小学校、中学、高校とやりたくもない勉強をさせられて、やっと大学に来たというのが、彼らの実感なのでしょうか。

しかし、大学教員として彼らをみていると、表面上はとてもそのように見えません。そんなに一所懸命に勉強した形跡が見えないからです。大学を夏休みと位置付けるほど、勤勉な子供時代を送っているのでしょうか。はっきり言って、私には謎です。むしろ、効率の悪い中途半端な「お勉強」をさせられているように私には見えます。

もしも大学が人生の夏休みならば、人生において最良の期間は二二歳や二三歳で終わってしまうではありませんか。大学に進学しなかった人には夏休みがありません。

夏休みというものは毎年来るもののはずです。しかし人生の夏休みという言い方は人生の中で一回しか輝かしい課題のない時間が来ないということになります。大学を出たら後はひたすら、本当はやりたくない仕事が人生の後半まで続くということを意味します。彼らには漠然とそのような人生観が植え付けられているのでしょうか。

「学生のうちに遊んでおけ」という言葉の裏には、悲しみと、人生に対するあきらめが内在してるように感じられます。やがて悲しき存在になる前に、せいぜい自由な時間を楽しむのが大学時代なのですね。

「勉強しない学生」を改善するには、学生だけの問題でなく、親、学生、大学、企業が閉じた循環（スパイラル）を何とかしなければならないのです。

こうも考えられます。もしかして、この国では皆で、学生を「勉強させない」ようにしているのかもしれません。産業界は、勉強が好きな学生には実は関心がないのかもしれません。その方が、自分の意のままに学卒の新入社員を扱えるかもしれない、などという考えがふと頭をよぎります。

ただし、これも新型コロナ感染が日本列島を覆うまでの話。これまでは形式的に言われていた「解のない時代だから学びを」という掛け声もようやくリアルな状況となっている及んで、さすがに「自発的に勉強する学生」が今こそ求められるのではないかと期待しています。

「大学のレベルを上げるのは企業」

起業家として有名で、かつ立命館アジア太平洋大学（ＡＰＵ）学長の出口治明さんは、企業による学生採用のあり方が変われば、大学が変わるという論者です。学生は「いい企業に入りたいから、いい大学に入りたい」と、就職のために大学に行くことを認めた上で、企業が学生の採用を変えたら、大学教育も変わると次のように述べます。

《誤解を恐れずにいうと、大学のレベルを上げるのは大学自身というよりはその国の企業だと考えています。（中略）企業が社員を採用する際に「年齢フリー（不問）」という基準を設けるだけでも、一度社会に出たあと大学に戻り、勉強し直すひとが増えるでしょう。ましてや「新卒は一浪一留まで」などというおかしな基準は大学と企業の双方に画一化をもたらす要因となっているので、即刻廃止すべきです》（『ここにしかない大学――ＡＰＵ学長日記』日経ＢＰ、二〇二〇年、八一ページ）

《さらに、企業側が成績基準の採用を行ったり「成績で『優』が七割以上なければ面接はしない」と決めたりすれば、多くの学生は在学中に、必死に勉強するようになるでしょう》（同

書、八二ページ）

「親」「学生」「大学」「企業」のこの四者の中で、一番力のあるものは企業であるということが分かります。日本は戦後ずっと企業を中心に社会が回ってきたので、先ほどのスパイラルもそのことを反映してるように見えます。戦後日本は、企業つまり産業界がいつも最初にあって、他の要素をすべてリードしているようです。

政治や外交の世界でも、日本の場合は産業界が牽引役になってきました。企業は産業界を構成し財界となって、政府に圧力をかけ、文部行政を動かそうとしました。大学は露骨に文科省に反旗をひるがえすことがありません。結果として産業界の虜《とりこ》になっているように見えます。

濃密な日本の親子関係

ところで、「日本人の学生はなぜ勉強しないと思うか」と米国滞在が長い友人に尋ねたら、こんな答えが返ってきました。

《米国では、子供は放っておくと堕落するという考え方がかなり浸透している。大富豪やインテリの子供たちは、全寮制のボーディングスクールに高校生のときから親元を離れ在籍し、それなりに子供を磨く努力をする。荒波に子供を投げ入れるようなものだ。それでドロップアウトするか、一流校に進学するかは決まる》

《そこへ行くと、日本では、受験もその手続きも親が行い、「お子さま」は楽ちんそのもの。受験地獄が消滅した今では、「明日は模擬試験」「来週は期末試験」と称して、実はゲーム三昧。勉強するフリをしていればいい。何か起きて重要な問題に発展しても、親が何とかしてくれる、と思っているんでしょうね》

この話を聞くと、「子の親離れ、親の子離れ」の問題が背後に大きくあることが分かります。日米ではこの点において、大きな差があります。

というのも、米国と日本では家族に対する考え方がかなり違っているからです。

この友人によると、米国では、家族の単位は「夫婦と未成年の子供」です。家族の中心は「個人が選んだパートナーシップ」です。

成人したら（大学に入る年齢になれば）、子供は本来であれば経済的に独立することが期待されます。米国では、子供が大学に進学する場合、親の援助を受けたり、奨学金を取る場合でも、子は返済することを約束させられている場合は多いです。米国では大学生の学資を親が仕送りする習慣はありません。学生の多くは奨学金や連邦政府系のローンで学費を充てます。卒業と同時に学生本人が数百万円のローンを返還し始めるケースはざらにあります。

この考え方からすると「逆も真なり」で、米国では、子供が親の面倒をみることは自明ではありません。例えば、「親が入る老人ホームの費用は子供が払うべきか」ということが親子間で訴訟になったりします。

この点、血のつながりを重視する日本では親子の関係はとても密《みつ》に見えます。親は子供の高等教育の財政的な面倒をみることが期待される一方で、子供が年老いた親の面倒をみるのが当たり前という人は多そうです。

富裕層は知っている

ところで、海外経験が豊富で、「親の子離れ、子の親離れ」の問題に気づいている日本人の富裕層や大物政治家は子弟をスイスや米国、英国のボーディングスクールに送り込んでいます。私の知人の上場企業の幹部も、息子さんが中学生になるときにスイスの寄宿舎に入れました。

「日本の教育システムは無駄が多く、学力を伸ばしてくれない」という説をぶたれたことがあります。

子供を欧州の寄宿学校に入れるコストは半端ではありませんが、「子の親離れ、親の子離れを考えるとどうしても必要なことだ」とその幹部は言っていました。

ところが、「誰でも大学生」というユニバーサル化先進国の米国では最近、大学間で学生の奪い合いが激化したため、学生は「お客さま」のように扱われ、結果として、親の過保護化が一挙に進んでいるようです。

『専門知は、もういらないのか――無知礼賛と民主主義』（トム・ニコルズ著、高里ひろ訳、みすず書房、二〇一九年）によると、「ヘリコプター・ペアレント」と呼ばれる過保護な親のことが書かれています（九八ページ）。ヘリコプターのようにいつも子供を上空から観察し、何かあると急降下して子供の面倒をみる親のことです。子供の代わりに宿題をやったり、子供の生活のあらゆる場面に参加し、高校や大学に注文を付けることも厭いません。ひどい場合は、子供の大学の近くに引っ越してくる親もいるそうです。

こうなると、日本の親子関係が特別に濃厚ということでもないのかもしれません。

日本から外れると活躍する若者

最近になって、新しい現象が起きています。日本の高校生が米国や欧州のトップ大学に入学する件数が増えていることと、日本企業が日本人学生でなく、日本語を操れる外国人学生を採用する傾向が出てきていることです。「九月入学」を促進させたいという議論はこの延長線上にあるかもしれません。

世界最高レベルで繰り広げられるスポーツやアートの世界の若者の活躍を忘れてはいけません。日本からフィギュアスケートやクラシックバレエ、ピアノやヴァイオリンなどの楽器や声楽といったジャンルでは、世界トップ級の若者がおり、頼もしい限りです。

テニスの錦織圭選手、大坂なおみ選手、野球の大谷翔平選手、バスケットボールの八村塁選手などをみると日本の教育システムの影響が全く無いか、あっても希薄な状態から生まれています。

視点を変えると、二〇一九年のラグビーのワールドカップで分かったことですが、日本人選手も外国人選手と力を合わせることで、トップクラスに躍《おど》り出るという現実が教えることにも注目したいです。

私が海外で出会う日本人を見ていて感じることがあります。それは、派遣されて海外の大学や研修機関で過ごす日本人の官僚や大企業サラリーパーソンが、実に生き生きとしていることです。日本を離れると解き放たれた鳥のように自由を満喫している人が多いです。

企業社会や文科省が主導するワク組など「日本の構造」から離れると、よく勉強し、よく練習して、トップ級の人物になる——。これの意味することは深いと思います。

コラム 9　アクティブ・ラーニングの罪

日本の大学では今、「アクティブ・ラーニング」が大はやりです。大学や学校の外にいる人には、耳慣れない英語です。主体的に対話をし、相手とのやりとりのなかで学ぶ機会を増やそうとする教育方法です。

具体的には教師による一方的な知識伝達型の教育ではなく、生徒による体験学習や教室内でのグループ・ディスカッション、ディベート、グループワークを中心とする話し合いの場での学びを指します。昔からあるゼミや少人数の授業がこれに近いでしょう。

大人数の教室でもやり方はあります。私がよくやるのは「はい、今から一五分。このテーマについて、隣の人、前後の人、四—五人で話してみて」というセッションを実施するのです。

チームを見ていて思うのは、このやり方に「向いている人」とそうでない人の差が明瞭なことです。ふだんから誰とでも話す人は圧倒的に有利です。けれど引っ込み思案の人はどうしてよいか分からず、居場所すら確保しづらそうです。見ていて、かわいそうになります。

対話が上手い人も苦手な人も、彼らの本来の性格や、家庭環境、これまで育ってきた過程が影響しているはず。伸びる人はどんどん伸びるのに、苦手な人はますます人と話すことから遠ざかってしまいそうです。同じ尺度で評価をするのは不公平だと感じます。

効率主義の企業社会では、快活な人、はきはきした人を尊《とうと》ぶ傾向があります。対話学習は彼らにとって都合のよい学習方法でしょう。経験を積んでますます成長します。しかし、口下手《くちべた》な人、気後れする人は不利です。本当は、彼らは全体を観察しているので良い意見を持っているものです。

アクティブ・ラーニング方式は、教員の公平なものの見方はもちろん、スキルがないとできない、難易度の極めて高い教授法だと思います。私は記者として、初めて会う人と話をし、異なる意見を調整しながら仕事をしてきました。それでもアクティブ・ラーニングの指導は、私にはハードルの高い仕事です。

第10章　人工知能と人生一〇〇年

「人生一〇〇年時代」がやって来ました。

ロンドン・ビジネススクールのリンダ・グラットン教授は著書『ライフシフト——100年時代の人生戦略』（東洋経済新報社、二〇一六年）で、米国やフランス、日本のような先進工業国で生まれる人は、半数以上が一〇〇歳を超えて生きる、と予測します。

これまでの「二〇代前半で教育を終え、仕事をする四〇年。六五歳前後で退職。リタイアして二〇年」という人生の基本設計が崩れ、仕事のスタイルや健康状態しだいで、ごく普通に八〇歳まで働く時代になるだろうと言います。

一方、この度のコロナ禍で、多くの会社人間が、自宅勤務や労働時間の短縮でも同じか従来以上の成果が出せることを実感しました。「出社する」「打ち合わせる」ことを含め仕事のスタイルが大きく変わりそうです。

他方で、人工知能やロボットをうまく活用する人が密かに富を支配していきそうです。格差はさらに広がりそうな危険も見えてきます。

これまでの人生観、労働観、教育観が古びたものになりそうです。「人生一〇〇年時代」の社会と学びのあり方を考えましょう。

ライフシフトとは

厚生労働省によれば、日本人の平均寿命は男性八一・二五歳、女性八七・三二歳（二〇一八年）です。女性は六年、男性は七年連続で過去最高を更新し、「さらに延びる可能性が高い」との見解を示しています。人生七〇—八〇年というのは過去の話となり、人々は人生設計を根本から見直す必要がある、と言います。

さて、グラットンさんの言う「人生一〇〇年」とはどういうものなのでしょうか。おさらいしておきましょう。

＊

これまで、人生のステージは「教育」「勤労」「引退」（学生時代、職業時代、老後）に分かれていた。学びながら育つ「教育」期間を終えると、フルタイムで「勤労する期間」があり、その後は余生を送る「引退」生活で完結していた。たいていの工業主導型の社会ではこうなっていた。

しかし、今後これは成り立たない。医療技術や生活習慣の向上や栄養の考えが広く共有され、長寿社会が実現したのだ。

会社を六〇代で引退したあとも、普通の健康状態でいられる期間が大幅に延びた。私たちの多くが自由を得ることを意味する。このため、みんなが同じ時期に同じことをする画一的な生き方の時代は終わった。「マルチステージの人生」が当たり前になる。一人ひとりが違った働き方を模索する。また進学、結婚、留学、就職、リタイア、再就職など人生のイベントの順序もそれぞれ違ってくる。各自の計画や好みに合わせて、それぞれのイベントを年齢に関係なく選べばよい。

人々はこれまでよりも多くの「ステージ」を経験することになる。例えば、旅や留学などを通じて多様な進路を探る「エクスプローラー（探検者）」、自由を求めて起業する「インディペンデント・プロデューサー（独立生産者）」、さまざまな仕事や活動を組み合わせて同時並行して携わる「ポートフォリオ・ワーカー」などだ。従来どおりに「会社勤め」の人がいる一方で、「組織に雇われない働き方」や、こうしたさまざまなステージを行ったり来たりする「トランジション（移行）」も必要となる。

旧来型「3ステージ人生」と新しい「マルチステージ人生」の人生を図で表すと次のようになる。

従来の社会システムは「3ステージ」型のモデルを前提になりたっていた。例えば、生命保険や年金などのさまざまな社会制度は「教育・仕事・引退」に合わせて設計されていたのだ。今後は、「マルチ」型に移行するために、社会システムも変わらざるを得ないだろう。「人生一〇〇年時代」が現実になると、これまでの制度が機能不全に陥る。

これに対応するためには、個人、企業、政府が一体となって課題解決に取り組む必要がある。八〇歳を老齢の新しい定義とし、六〇、七〇代からでも学び直せて働ける社会を目指すべきだ。

「人生一〇〇年時代」を生き抜くヒントとして、（1）自ら望む生き方を構築できるか、（2）生涯にわたって学び続けられるか、（3）健康・幸福でいられるかが重要だ（以上、『ライフシフト』「日

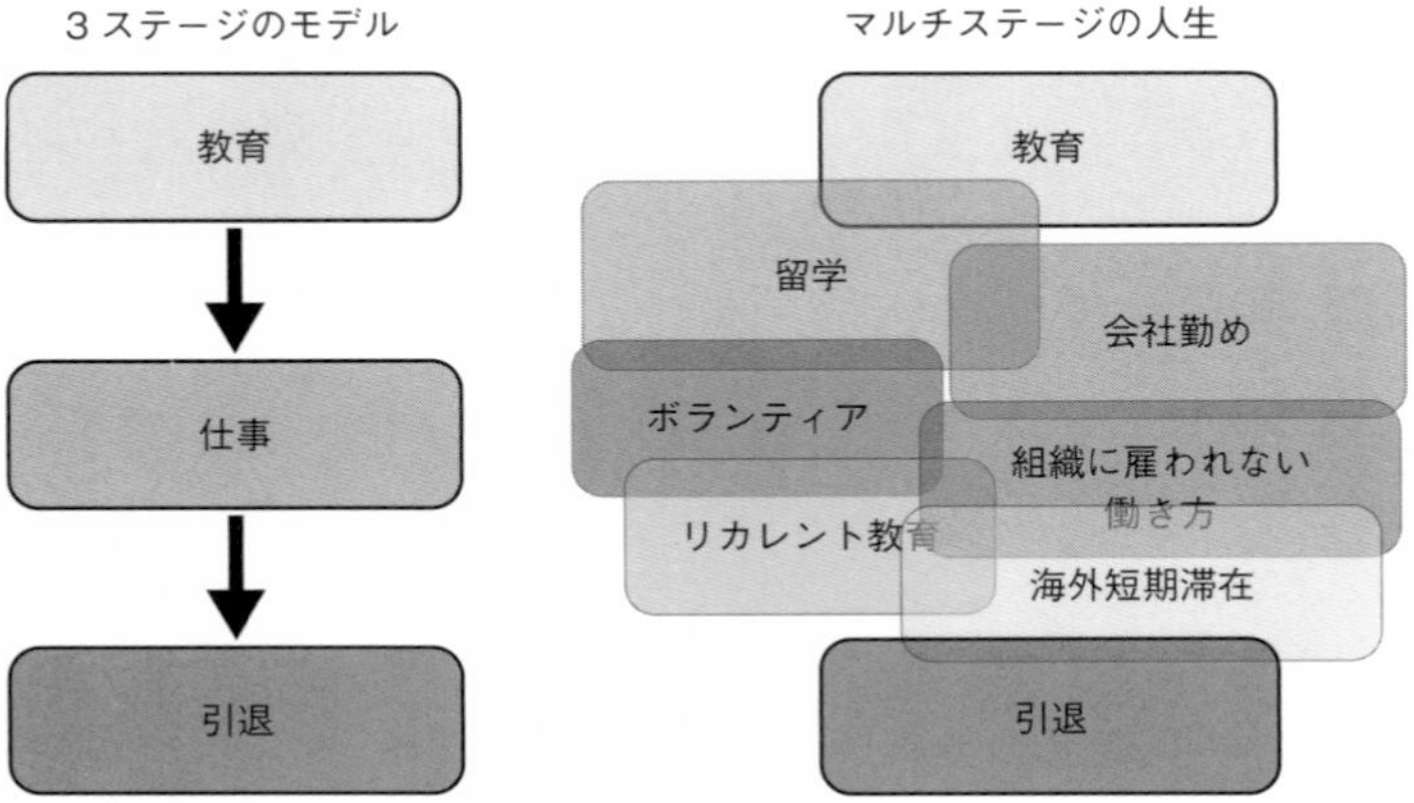

本語版への序文」より)。

＊

グラットンさんは、学校→仕事→引退という順番で人生を歩む時代は終わり、生涯に複数のキャリアを持つのが普通になるだろうと言います。人生の選択肢が増える一方、新しいステージに合わせたスキルを身につけるための自己啓発も必要になるだろうと予見します。

寺島実郎さんの「ジェロントロジー宣言」

グラットンさんの発言にリアリティーを感じます。私自身、大学を終えて仕事を始めたのは二〇代半ばを過ぎてからですし、会社勤めの間に留学をし、社会人向けの大学院に通いました。会社で仕事をしながら最後の二年は非常勤講師として大学で授業を持っていました。その間、長野冬季五輪やサッカーのワールドカップの報道官の仕事をしました。五二歳で四半世紀勤めた会社を早期退職し、大学教員になりました。しかも、専任教員としての大学を二つ経験しています。現在も、他大学の非常勤講師をしながら、大学以外の仕事として日本音楽著作権協会の理事の仕事をしています。

私は多くの社会人がもっと大学に来るべきだと思っているので、グラットンさんの言う「マルチステージの人生」に共感し、ここに新しい時代の大学を考えるヒントがあるように思います。これまでの画一的な人生を過ごし方でなく、多様で能動的な取り組みが個々人に求められそうです。

グラットンさんとは異なった角度から高齢化社会をみつめる提言もあります。高齢化社会のさまざまな課題を解決することを目的とする学際的な学問分野である「ジェロントロジー」を提唱する日本総合研究所会長で多摩大学学長の寺島実郎さんは次のように話します。

《これまでの社会制度・システムは、高齢者を「余生」「第二の人生」という視野でしか捉えず、社会参画のプラットフォームを構想しないまま、今日に至った。「一〇〇歳人生」が語られる今、六〇歳前後で定年退職を迎えた人は、その後の四〇年を超える人生をどう生きるのであろうか。（中略）広い視野から社会総体のあり方、人間の生き方を探り、新しい社会構想を提起してみたい》（『ジェロントロジー宣言』ＮＨＫ出版、二〇一八年、一一ページ）

寺島さんは、定年退職後に「四〇年を超える人生を」どう生きるかを視野にいれ、さまざまなプロジェクトを進めていますが、「四〇年」という期間を能動的に過ごすかどうかは、個々の人生だけでなく、社会全体で決定的なインパクトを持つに違いないと言います。

「知の再武装」というキーワードを用いて、寺島さんは「学び」を強調しています。では、私たちの学びや教育のあり方は、人生一〇〇年時代にどのように変わっていくのでしょうか。

「『高齢化によって劣化する人間』という見方を共有しない」と断言する寺島さんは次のように言います。「人間の知能の潜在能力は高い。心の底を見つめ、全体知に立ってこそ、美しい世界のあり方を見抜く力は進化しうる。『知の再武装』を志向する理由はここにある」

マルチライフステージと同じ考え方に賛同する、もうひとりの人が、京都大学iPS細胞研究所長の山中伸弥さんです。シニア世代が新たに別のサイクルの仕事をすることの積極的な効用を説きます（インタビュー記事「人はモンスター」『朝日新聞』二〇一九年七月二三日朝刊、執筆は黒澤大陸記者）

《これまで日本は人生が一サイクルという考え方が中心でした。教育を受けて会社に入り、終身雇用で、定年後に二〇年くらい生きる。でも、気づいたら一〇〇歳まで生きる人が増え、定年後も元気な時間が長くなりました。シニアは二サイクル目の人生を考えるべきでしょう》

しかし、その際に、注意すべきことがあると、山中さんは言います。

《同じことを続けて若い人と競争するのは、マイナス面の方が大きいです。日本はアイデアや発想より、人脈とかが重視されるから、研究費の獲得でも年長者が有利になります。若い人と競争するのではなくサポートにまわり、メンター（助言者）的な役割を果たしていきたいと思います。同じ業界でなくてもよいのです。人生経験は生きますから》

さすがにさまざまなグループ研究を実施し、成果を挙げてきた人の発言だと思います。

「勉強なんかしてどうするんだ」

歴史をみると、人生で「教育」に充てられた時間は延びゆく一方です。技術の発展によって労働生産性が上がることで、人は学ぶ時間を持ち、それがスキル向上につながります。そこでまた、労働生産性が上がり、自由な時間が増え、人間は考えることでさらに労働（仕事）の工夫をこらし、さらに労働生産性が上昇し続けます。

あとは、このスパイラルを繰り返します。すなわち、「労働生産性が上がり、時間が増え、学ぶ機会（教育期間）が増え、新しい技術が開発され、取り入れられ、また労働生産性があがる」という繰り返しです。

今から一〇〇年前、就学期間は短かったです。勉強する価値が社会的に認められていなかったのです。「経営の神様」と言われた松下幸之助（一八九四―一九八九年）は、家が倒産したこともあり、尋常小学校を中退して丁稚奉公したことはよく知られています。

NHK朝のドラマの『おしん』（一九八三―八四年放送）もおなじころの設定です。東北地方の小作農の娘しんは、凶作のために楽しみにしていた尋常小学校に入学することなく七歳で子守奉公に出されます。放送当時「あんな話（幼い子が奉公に出される話）はよくあった」という言葉をよく耳にしました。

幸之助と同世代の私の祖父も小学校しか出ていません。四国・多度津に生まれた祖父はしょっちゅう農作業に駆り出されたため、満足に学校に通えなかったようです。「勉強なんかしてどうするんや」「上の学校に行ったってろくでもないこと学ぶだけや」。丁稚奉公の末、大阪で小さな店を持った祖父は、私たち孫にそのように言っていたものです。「読み書きそろばん」が出来ても出来なくても、丁稚になり、女中になって奉公先で言われた通りに動いていれば、とりあえずは食いっぱぐれることはないという人生観を持っていたのでしょう。

この時代は、教育と労働とでは、人生において労働の時間の方が圧倒的に長かったのです。仕事とは肉体労働、単純労働しかなく、「読み書きそろばん」すら不要とみなされていたのです。教育に充てられた期間は最小限に抑えられ、「仕事する＝苦役を提供する」ことが人生であるという考え方でした。しかし、技術が発達し、労働生産性が上がるにつれて、学ぶための時間は長くなりました。義務教育や中等教育が充実していきます。

やっぱり「勉強させせない国」

今の日本では、半数以上の人が大学に進学し卒業します。つまり、二二—二三歳で、グラットンさんのいう「教育」段階から、「仕事」の段階に進みます。ここで、「教育」の期間が終了します。日本の大学では、学部卒業で就職するパターンが標準のようです。メディアも各種ビジネスもテレビドラマも、そのようなライフスタイルを日本の標準のようにして消費社会を形成しています。

理工系や医薬系でない限り、文科系の学生が修士課程や博士課程に進学することは「(会社に）奉公しない」選択をしたとみなされ、企業に勤めるというトラックを外れることを意味します。

一般的に、修士や博士の肩書きは、研究者を雇う業種以外、日本企業では尊重されません。むしろ不利になります。私は文科系の修士を終えて会社に入りましたが、単に年齢が高いだけの新入社員の扱いで、修士へのリスペクトはおろか、賃金面でのメリットはありませんでした。ひどい場合は、「大学院卒」を揶揄《やゆ》される始末です。

今日の「早く大学を出て、四の五の言わずに就職を」というのは、これは、幸之助や私の祖父の時代に大勢いた教育を渋る人の「そんなに勉強して何になるんだ」の現代版のような気がします。第9章でみた「勉強をさせない国=日本」とつながっています。

昔の丁稚や女中は、奉公先の屋号《やごう》が大きく書かれた「前だれ」（まえかけ）を身に着けていました。前だれの伝統は、今では、企業で働く従業員のスーツの襟につけられた社章（ピンバッジ）に受け継がれているようです。

日本以外の近代工業国では、学士号よりは修士号、修士号よりは博士号を持っている人が優遇され出世コースに乗りやすいことはもちろん、給与も高いのが当たり前です。トップ企業であれば、修士号や博士号を持っていない人は一定以上の地位にはつくことは難しいのが実情です。

残念ながら、日本では、普通の人が「勉強することを潔しとしない」風潮が今も残っているのかもしれません。

現代版「読み書きそろばん」

そういう日本においても、大学を出て就職した後で全く勉強しないかといえばそんなことはありません。表計算ソフトの「エクセル」、プレゼンテーション用の「パワーポイント」の使い方やプログラミングを学んだり、管理職向けの研修を受けたり、仕事で求められる資格を取るといった形で、三〇代になっても四〇代になっても勉強を続けるのは特別なことではありません。

リモートワークで脚光を集めた「Zoom」などのリモート会議のようなネットワーク技術など、現代人必須の技能が要求されます。

技術以外でも学ばなければならないことは多く、ハラスメントやメンタルヘルス関連の研修はもはや日常的です。

なので、多くの企業が社内研修の機会を設けています。「研修室」「研修センター」という部署は、ある程度の規模の会社なら必ず設置されています。

同時に、発展し続けるＩＴがもたらすロボットや人工知能の使い方を覚えなければ、仕事にならなくなってきました。現代版「読み書きそろばん」のレベルの話かもしれませんが、仕事を回すためには不可欠な「学び」の機会です。

ちょうどこれは、私の祖父が奉公先で教わった、そろばんや書道と似ているかもしれません。祖父は暗算が得意でしたし、年賀状を毛筆で書くことを基本にしていました。

言葉使いにしても、お客、主人やおかみ、奉公先のあととりになるかもしれない息子や娘に対してなど、複雑な敬語も奉公先で番頭や先輩に叱られながら学び取ったにちがいありません。それはちょうど、私が社会人として身につけたやり方と同じです。さまざまな年齢の従業員で構成される会社にいてこそ、言葉使いや電話の取り方やメモの受け渡しが洗練されるものです。

生活の中に電気も機械もなかったころは、多くの仕事とは単純労働や肉体労働でした。こういう時代では、教育の中身は「読み書きそろばん」を意味し、教育の期間は短くてすみました。普通の暮らしをするには、それ以上の勉強をする必要はありませんでした。仕事に役に立たなかったからです。仮に本が読めたとしても、手近に書物はありませんでした。

NC工作機械のインパクト

時代が下って機械が職場に進出し始めることで、「教育」の価値が出てきます。仕事が機械化されることで、余剰の時間ができ、次なる機械化が進みますが、この時に、工夫や創造性、スキルを身につけるため「勉強する意義」「学ぶ価値」がとたんに重要味を帯びます。機械の使い方を覚えなければ、仕事にならないからです。「勉強する」つまり教育の時間が必要になってきます。

私たちの教育の期間が延びる大きな理由は、機械を操る技術を習得するために時間が必要になるからです。進歩し続ける技術を使うには、技術を学習しなければなりません。教育の機会が必要です。

工作機械の進化を例に説明しましょう。「機械を作る機械」である工作機械の性能が向上することは、工業化に弾みがつくことを意味します。産業革命以降、様々な工作機械が作られました。近代化は工作機械の絶えざる進化でもたらされました。

工作機械を操作するには長い修練を積んでノウハウを体得した熟練工の存在が必要です。見たこともない、触ったこともない機械を操るには一定の学習（教育）が必要です。機械操作を覚えると、生産性が一気にあがります。

知能を持ったロボットであるアンドロイドを研究する大阪大学教授の石黒浩さんは、金属工作機械の分野では、数値制御（NC）を取り入れることで飛躍的に生産力がアップしたと言います。一つの機械で異なる複数の製品を作ることが可能になったからです。

石黒さんは言います。「かつてであればヤスリを使い、長い時間をかけて一生懸命手で行っていた作業を、NC工作機械の使い方を覚えれば、ひとりで職人数百人分の仕事をこなすことができます」（石黒浩『人とは何か――アンドロイド研究から解き明かす』NHK出版、二〇一九年、一一七ページ）

NC機械のはかりしれないメリットは、自動化が進むために、それまでは人が分担してハンドルやレバーなどを操作をしていたのを、一人で複数の機械を操作できるうえ、生産時間の管理が簡単にできるようになることだと言います。これが生産性の飛躍的な向上につながります。機械が機械を作るのですから生産性は倍々ゲームのように一挙に上がります。

しかし、NCを操作するには、プログラム作成や入力や作業工程作成など、エンジニアによる準備作業が必要になります。分担作業の場合は、全体を知らない工員がそれぞれの持ち場で言われたことだけをやっていればよかったのですが、NC操作に求められるのはある種のマネジメントなのでしょう。しかし、それで労働生産性が一挙に高まるのです。

技術の進歩により、教育期間が延びるというのは、実はすでに日本の大学でも見られます。理工系の学部では、修士課程に進学する人の割合は高いです。私の勤め先の大学は、ほとんどの学部で、約半数が大学院に進学します。学部や学科によれば、八〇％以上の人が修士課程に進みます。

これは学部の四年間では、それぞれの分野の最先端の知見に到達しにくいからでしょう。理学部や工学部では、自分の専門分野を入学したての一年生から教えたいと思っている教員が多いです。最先端の知識は積み重ね上に成り立つことが多く、複雑化する一方の最新の情報を伝授するためには、一定程度以上の期間が必要なのでしょう。NCが操作できるエンジニアを養成するにはそれなりの教育が必要だったこととつながります。

戦後日本の「もの作り大国」には、日本の理工系大学の総力戦があればこそです。しかも、大学院への進学率が高かったことを考えると、教育期間の長さについてヒントがあるように思います。

和文タイピストがいた時代

テクノロジーの進歩が事務系オフィスに入るとどんなことが起きるか、労働生産性の面から「文書作成の変遷」でみてみましょう。

私が報道機関に入社したのは一九八四年です。そのころはまだ、日本語ワープロは普及していませんでした。記者は原稿用紙に手書きで記事を執筆しました。

それまで、どうやってオフィスでは文書を作っていたのか。

戦前戦後を通じて、会社や官庁で流通していた文書は手書きでした。だから初等教育では習字が必須でした。重要度の高い文書は、熟練した印刷職人が鉛の活字を一つずつ拾って、手書き文書から印刷可能なオリジナルを作っていました。書籍はもちろん、雑誌や、新聞もそうやって作られていました。だから、印刷、出版に関する仕事には大きな装置とたくさんの労働者を集約する必要がありました。

学校教育の現場では、何でも手書きです。先生が配布するプリントは手書きのガリ版刷りが当たり前。試験問題も、遠足のための教材を兼ねたしおりも、保護者への通知文書も全部手書きです。

私が学部学生だったころ、女子学生の間で「和文タイピスト」の資格を取ることがブームでした。コネでもなければ「一流」企業への就職の門戸が閉ざされていた時代です。「手に職」をつけておけば、和文タイプの資格は「転ばぬ先の杖」に見えました。

当時、手書きでない、活字体の文書作成することは専門技能です。多くの企業や役所の文書作成は、自社で採用した和文タイピストに頼っていました。

和文タイプライターは机を専有するほどの大きさの手動機械です。電気は要りません。活字テーブルに二五〇〇文字ほどの活字が並びます。タイピストが一文字ずつ拾って打ち込んでいきます。活字の配置を正確に覚えたベテランの手にかかれば、手書き原稿がみるみるうちに公表可能なオフィシャル文書に生まれ変わります。官公庁や企業、学校にとって、有能な和文タイピストをいかにして確保するかが重要でした。和文タイプには「一級」「二級」など技能検定もありました。履歴書に「級」を記載すると仕事を探すときには有利でした。この和文タイプライターという機械を操るには、熟練（教育）が必要です。当時は、英会話教室のように、専門の学校がちょっと大きな駅のそばにあったものです。

日本語ワープロ機の普及版であるローマ字入力ができるキーボード形式の「書院」「ルポ」「文豪」などが、一台あたり二〇万円を切って、急に普及するのは、一九八五年以降です。それまでは和文タイプの資格は、それで食べて行ける確かな技能だったのです。

労働生産性が「教育機会」を増やす

ところで、ハイテク製品であるワープロ機もまた、電子技術を学習し、「教育」を受けた人がいたからこそ商品化が可能になりました。

新製品の開発とは何であれ、実に、技術者の「学び」や「教育」の集大成なのです。

和文タイプライターは、戦前戦後を通じての「手書きの時代」に比べて、日本全体の作業効率を引き上げましたが、ワープロはさらに何百倍にも作業効率を上げ日本人のオフィスワークの労働生産性の飛躍的な向上に貢献しました。ワープロやパソコンは「オフィス革命」をもたらしたのです。

電子情報技術における一つの技術革新は、同時代の何百万、何千万というケタ違いの数の人の労働生産性を引き上げます。結果として、大勢の人が「学ぶ」期間を得ます。時間が増えた分、「遊び」の時間を生むことも考えられます。これに応じて、エンタメビジネスの興隆に繋がるという状況もあります。

和文タイピストという職業は、あっという間に消えました。一九八〇年代のうちに、日本全国の役所や企業から、何万、何十万ものタイピストの仕事が一斉に消えました。機械の方は、引き取り手がなく、あちこちで粗大ゴミとなって捨てられました。

今、さかんに、人工知能（ＡＩ）のおかげで、「消える仕事、残る仕事」が議論されます。技術の変革のおかげで、和文タイピスト以外にも、仕事が劇的に変化するのはこれまでもありました。伝書鳩は電気通信に置き換わり、馬車は自動車に追いやられました。切符を切る改札係はいなくなり、活版印刷はコンピューター処理に変わったので、実はすでに「活字」は消滅しています。

しかし、技術革新は人類の「学び」の機会つまり教育期間を増やすので、新しい仕事を増やし、その分、雇用も増えます。一〇年前、スマホアプリの仕事はほとんどありませんでしたが、今はこの仕事の裾野は高校生にまで広がりを見せています。他方、ＩｏＴ（モノのインターネット）のおかげで、クレーン車や自販機、ペット用トイレがネットにつながることで、新たなビジネスが生まれました。

オンライン授業ができますか

自動車がネットと結びついたライドシェアの Uber（ウーバー）は、多くの国や地域で導入されました。簡単なアプリ操作で、料金や移動ルートが明示され、言葉を交わさなくても、確実に目的地まで運んでくれます。日本ではタクシー業界との関係で、ウーバーそのもののビジネスは限定的ですが、新型コロナウイルス感染症の影響で、食べ物の宅配サービス（Uber Eats ウーバー・イーツ）は一挙に日常的になったではありませんか。

新しい技術は雇用に影響を与えますが、全体としては労働生産性の向上が、教育の機会を生み出します。

本書を執筆中、私にも新しい技術の黒船がやってきました。オンライン授業のリモート技術です。

新型コロナウイルス感染症の影響で、大学の授業がすべてオンラインで対応することになりました。日本のほとんどの教員は、日常的にオンライン講義を実施したことがありません。Zoomというオンライン講義に適したリモートワークのソフトを習熟すると、受講生が二〇〇人の大教室の授業も、一〇人が参加するゼミも簡単に運営できるのです。効果は絶大で、これまで教室で行われる、伝統的な講義は何だったのかと思えるくらいに利点が多いです。教員は自宅から講義を発信することができ、学生も自宅で講義を受けることができます。資料のやりとり、課題の提出もすべてオンラインで可能です。ディスカッションが必要なゼミも、お互い顔と名前が出るので、ふだんよりも実質的なやりとりができます。

プリント用紙も黒板やチョークも不要です。何よりも良いのは、通学する必要がないことです。往復三時間かけて来る学生も教員も大助かりです。この分のコスト削減の総和は日本列島全体でみると、大きなプラス効果となります。

もちろん、オンライン特有の、「空気感がない」とか、黒板でさっと書いて情報を伝えることができないなど、マイナス面もありますが、オンライン講義がようやく日本でも市民権を得られそうです。

一度使うと、数百人の学生の通学を削減できるのですから、NC工作機やワープロと同じようなイノベーションだと思います。しかし、このZoomソフトを使うには、やはり一定程度の勉強は欠かせません。二〇二〇年夏の段階で、大学の中にZoomを使える教員と使えない教員がいたことは事実です。今後、オンライン授業ができるかどうかは教員採用の要件になるに違いありません。変化の激しい時に仕事をしていくには「学び」（教育）は必要であることを実感しました。

「アイボ」の葬式をどう考える？

しかし、「学ぶ」ことが大事だ、と言う時にそれは必ずしも、テクノロジーの習得だけを指すわけではありません。石黒浩さんによると、教育期間が長くならざる得ないもう一つの理由は、ロボットや人工知能（ＡＩ）があらゆる産業で支配的な地位を占めるにつれ、人工知能やロボットをうまく操作するためには、「人とは何か」「心とは何か」あるいは「感情とは何か」「意識とは何か」といったことを深く学ばなければならないということのようです。なぜなら、人間に代わってコンピューターやロボットが仕事をするということは、「人間そのもの」の理解が不可欠だからです。

今、社会インフラの一翼を担う技術である自動運転や５Ｇ（第五世代移動通信システム）に注目が集まりますが、社会というコントロールの利きにくい人間の動きについて研究する必要があります。「それには、コンピュータサイエンスや自然科学だけを学んでも不十分であり、人文科学や社会科学の叡智を取り込んでいくことが不可欠です」(『人とは何か――アンドロイド研究から解き明かす』一一七ページ)

ロボットが人間の感情の世界に溶け込んだ実例はとても多く、ロボットを単なる機械とはみなせなくなります。実際、一九九九年に発売が開始された犬型ロボットの「アイボ」の第一世代は修理窓口が二〇一四年に終了しました。壊れて、修理不能になったアイボに対する葬儀があちこちで行われていることがニュースになりました。アイボが生活の中に溶け込んで、一緒に生活を送っていた人に向かって、「それは単なる機械ですよ」とは言えません。

また、人には声をかけられなくても、ロボットには声をかけられる人はいます。対人恐怖症の人でも、赤ん坊のような小さな人型のロボットによって、心が開かれるのです。

こういう現実は、単に工業や技術の問題ではありません。この時代ならではの、人間存在の深さついて考えるには、哲学や宗教、動物と人間に関する洞察はぜひとも必要でしょう。

最近では、ＡＩが搭載された女性の姿をした３Ｄキャラクターと一か月間「同居」した毎日新聞の男性記者による体験談が話題になりました。少しずつ、会話や「やりとり」が充実し、まるで人間を相手にしているような感じになるそうです。ケースに入ったキャラクターを返却したあとに寂莫感が広がったと言います。「予想外の顛末だ」と記者は正直に述懐しています。

人工知能(ＡＩ)が人の心を支える存在になりつつあり、ロボットとの恋愛やＡＩが可能にする死者との再会についても「心の問題」を含んでいます。「これまで想像もつかなかった人間とＡＩの共存も、今では多様な生き方の一つかもしれないと考えている」と記者は言います（「ＡＩが支える人の心　『新たな価値観』尊重したい」『毎日新聞』二〇二〇年五月一三日朝刊）。

人生の八割の時間は「学び」へ

石黒浩さんは、このように、人とロボットの垣根があいまいになる時代では、人生で、「教育期間と労働期間が逆転し、人生の八割を教育に費やし、残り二割の期間で仕事をする、ということになる可能性すらある」と言います。

「人生の八割」を教育に費やすというのは、おおざっぱな言い方で、個人差を認めた上で、人生の六割の時間で効率よく教育を得る人間もいれば、人生すべてを教育に費やしても終わらない人間も出てくると説明しています。極端には「一生仕事をしない人間も出てくる」とも述べています。

この数字の是非はともかくも、私たちの「学び」の時間が増加傾向にあるのは正しいと思います。

別の見方をしましょう。私たちの情報環境についてです。

最近の子供は、一歳の時から保育施設に入りますし、その後はお稽古ごとや塾に行きます。中高生で塾に通う人は多い。大学生だってダブルスクールで英会話の学校やプログラミングスクールに通っています。

また、講演やセミナーに行けば、会社勤めやリタイアした人で賑わっています。カルチャースクールはどこも盛況です。私の勤め先の大学もオープンカレッジという社会人向けスクールが賑わっています。このように考えると、私たちは実はかなりの時間を勉強、つまり「教育」に充てていることが分かります。

『チボー家の人々』と『ブラームス全集』

「勉強は必要ない。奉公に行け」と言われた私の祖父の時代には考えられなかったことです。時代の進展とともに学ぶべきことが増えているからに他なりません。昔は情報そのものが少ないうえに、メディアも発達しておらず、自分以外の世界の話を聞こうとすると、本が読める人は本に頼り、本がない場合は、僧侶や自分よりも年長者の話を聞くしかありませんでした。仮に本が読めたとしても、アクセス可能な書物は限られていたでしょう。

新聞が宅配され、ラジオやテレビが普及すると、私たちが受け取る情報は急に増えました。特に二〇世紀の終盤に各家庭にまで飛び込んで来たインターネットの時代になると、文字どおり情報洪水の中に私たちは身を投じているようなものです。情報の増えかたは、文字どおり「爆発的」です。今もそれが続いています。

しかも、情報はフィルターを通さず、そのままやってくるので、偽（フェイク）の情報と正しい情報が、どうでもいいような情報とまじめな情報が、混在するありさまです。情報を見極めるための時間も教育も必要になります。

つまり、勉強することで、知るべき情報が得られるのですから、情報のリテラシーを得たうえで、生きるために必要な情報を得続けるのには、どうしても時間がかかるのです。

私が学部の学生だったとき、大学生協の書籍部には、マルクスの『資本論』と並ぶようにして、大河小説の『チボー家の人々』（マルタン・デュガール）の全五巻（旧版）が一年も二年も、平積みになっていました。レコードのコーナーには、フルトヴェングラーやカラヤンの『ブラームス交響曲全集』が存在感を長い間主張していました。売れていないわけではなく、それなりの需要はありました。実際、『チボー家』もフルトヴェングラーも私は生協で買いました。

これらの作品は、一九八〇年代当時、既に旬《しゅん》ではありませんでした。それでも、ちょっと背伸びする学生のための教養アクセサリーの面がありました。

しかし、別の見方をすると、こういう作品が生協で一年以上にわたって幅を利かせることができたということは、商品群が乏しかったとも言えます。教養のアクセサリーとのラインアップが貧相だったのです。

インターネット時代の今、知識の世界は大変なことになっています。教養をひけらかす時代ではなくなりましたが、大学生が知っておくべき作品、コンテンツ、アート、ライブ、ニュース、就活情報、アイドル情報、ファッション情報はあまりに多すぎて、すべてが消化不良になってしまいそうです。しかも、ＳＮＳをやらないと置いてきぼりにされる勢いです。

それでも、高校は三年で、大学は四年で卒業するもの、という半ば脅迫的なお約束が浸透しているではありませんか。それは、ジャック・チボーやフルトヴェングラーが生協で売られていた昔の話ではありませんか。昔の経験で、今の大学生を論じることができないのは、幾何級数的に増えた情報量の差も大きいと私は思います。

しかも、就活が学生生活を圧迫しています。このままでは学生は落ち着いて、勉強したり、教養に触れることは困難でしょう。

ロボットを操作する人が一番？

ＡＩがチェスや囲碁、将棋のトッププレーヤーを凌駕します。そのＡＩは、専門医が集まっても突き止められなかった治療の解決法を示しています。画像認識においては、写真に写っているものを追いかけるのはコンピューターの得意技です。もしもあなたがヤモリの写真を撮影したら、それをアプリにアップすることで、種類と生息場所を教えてくれます。簡単な画像分析で、群集に紛れた犯人を追跡して逮捕に至った例がたくさん報告されています。いずれも人間にはできないことです。

人工知能の発展はあなどれません。現在もその性能が幾何級数的に向上しているのは、コンピューターがコンピューターを設計しているからです。機械が機械を作る「NC工作機械」の話をしましたが、石黒さんは「コンピュータの設計にはコンピュータが不可欠で、人間の能力では対応できない世界になって」いると言います（同書、一三九ページ）。コンピューターを複数、同時に走らせることで、自分の性能よりも高いコンピューターを設計するということのようです。

コンピューターを使える人間はより高度な領域へと向かい、コンピューターを使える人とそうでない人との差が、今よりもはっきりしてきます。

石黒さんは次のように人工知能が幅を利かせる未来を予想します。

《社会の上層に位置する人たちは頭脳を駆使して、ロボットを作ったり使ったりする立場になる一方で、そうでない人は、コンピュータに管理された肉体労働を低賃金でするしかありません。機械にとっては苦手だけれど人間がする分には高度な知識や技能を必要としない煩雑な労働や、機械にさせるよりは人間の方がコストが安くて済む肉体労働を引き受ける階層が生まれるでしょう。社会の上層部は心（脳）だけを使って働くようになり、下層は身体だけを使って働くようになります》（同書、一一九ページ）

ロボットを使える少数の人が、肉体労働を引き受けざるを得ない人を支配する——。

しかも、ごく少数の人が、圧倒的多数を支配しかねない構造が描かれています。たしかに、過去数年で、ＧＡＦＡ（グーグル、アップル、フェイスブック、アマゾン）と呼ばれるＩＴ企業が経済の圧倒的な部分を占め、私たちの生活の隅々にまで影響を与える時代になっています。ＧＡＦＡのような企業は、その時々で会社が入れ替わるにしても、一人勝ちとなって、全部を持っていきそうです。

石黒さんは、人工知能やロボットを作り、使える人たちとそうでない人たちとの格差が拡大する危険を認識し、多様で民主的な社会を作るために先手を打つべき、と警告しています。

「技術とは何か」「社会とは何か」「人間とは何か」ということを俯瞰《ふかん》して考え、あらゆる角度から最新の研究成果に基づいて情報交換し、意見交換するには、今のところ、大学が（もしもっと多くの人に開かれたならば、ベストの存在でないにしても）適した場所ではないでしょうか。

生涯教育という言葉の「生涯」の意味は大きいと思います。仕事の効率を上げる、よりよく働くことを進めていくと、「人間とは何か」「心とは何か」について考えることの重要性が増していきます。

注意すべきは、「人間とは何か」「心とは何か」は他人任せにできない問いかけであることです。重力や磁気、エネルギーなど自然科学の法則を学ぶことと違って、共同体や人間社会については多様な背景を持つ人が多方面から考えなければなりません。研究者だけにまかせてよいというものではないと私は思います。大学が、多様な市民が集い、学び合い、意見を出し合う場となりそうです。

コラム 10 オーケストラと大学

東京にはロンドンやニューヨークよりも多くのプロのオーケストラがあります。気軽に素晴らしい演奏に触れられるのは音楽ファンの喜びです。

他方、ウィーンフィルやボストン交響楽団など世界の名門オーケストラがたくさん東京にやってきます。日本の楽団の五—一〇倍の値段のチケットがすぐに完売します。コンサート会場は熱気と興奮に包まれ、拍手が五分以上続くこともあります。

冷静に考えると、日本の楽団と世界の楽団とが同じ土俵（ステージ）で集客を争っているのです。けれど日本の客は、違うスタンダードを国内と国外のオケに当てはめているのでしょうか。日本の楽団のコンサートでは空席が目立ち、拍手は長く続きません。お客が「日本の楽団はそんなもの」と思っていたら、残念です。日本のファンは日本の楽団が世界の一流になることを期待していないのでしょうか。

しかし楽団側も、世界を相手にする気概が弱いように見えます。

「一体どうなってるの？」と音楽プロデューサーの友人に尋ねたことがあります。

「クラシックの演奏会は最初から赤字だ。助成金がなければやっていけない。あの安いチケットじゃ、団員の給料もまともに出ないよ。公演数は多く、団員はくたくた。実はね、非正規の奏者が結構多いんだ。余裕がない」

日本の楽団が世界の舞台で活躍することは難しそうです。言われてみれば、日本の楽団の音楽CDは、国外はおろか国内でも売れません。

なんだか、無理に世界と競争させられる日本の大学と似ているように思えます。インパクトのある日本発の論文の本数や被引用回数が減っているとか、世界大学ランキングが芳《かんば》しくないというニュースも妙にリアリティーがあります。

日本の楽団が「日本人ばっかりでやっている。外国人奏者もチラホラいるが、アリバイのよう」という点も日本の大学と似ています。

一点、日本のオーケストラが大学と違っていることに気づきました。それは、女性プレーヤー（奏者）がとても多いことです。大学の女性教員の比率は、日本は世界でも最低レベルです。

終　章　みんなの大学を

大学が存続し続けるには課題も多く、外から大学を批判する人たちは容赦がありません。大学は何も社会から独立しているわけではないので、大学が変わるためには企業や高校、親の考えなど、つまり社会が変わらなければなりません。

大学再生に向けて六つの提言をします。こんな大学があったらよりよい社会ができるのではないかと考えました。いくつもの大学で教壇に立ってきた社会人教員として、また元ジャーナリストの提案として、大学の内と外の両方で生計を立ててきた人間の提言としてお聞きいただければと願います。

《提言1》在学期間一〇年を標準に――学びながら働き、自己実現と社会貢献を

《提言2》一七歳以下でも大学入学を――研究志向の人はどんどん先に進め

《提言3》社会人学生の特別枠を増やせ――「今から大学生になりたい人」歓迎します
《提言4》社会人に小中学校の教員養成プログラムを――教育への職種転換の道を開く
《提言5》地元・地域のカルチャー拠点に――地域通貨で大学の活性化を
《提言6》本気で地域間の連携を――ネットワーク空間と移動空間で生き延びる

これらの提言は、大学の外からの支援がなければ何もできません。いずれもラフな提言です。多くの人に叩いていただいて、これらがもっと洗練されれば、うれしいです。ハード部分のインフラはそのままにして、考え方、つまり制度やルールを変更すれば実現可能なことを考えました。固定観念をとっぱらうことが重要かもしれません。

皆さんにお願いがあります。

第一に、そろそろ、大学を「高校生が卒業したら、ただちに来るところ」という発想から抜け出しませんか。大学生を一八――二二歳の若者の集まるところと限定しているところに、「日本の大学の失敗」があるように思います。

第二に「大学生は卒業したら、ただちに就職する」という考えからも脱却したいところです。

この二点のおかげで、今の大学教育とは「高校卒業と大卒採用のあいだの四年間をつなぐだけ」の中途半端な接続パイプに成り下がったのだと思います。

大学を若者に独占させてはいけません。「大学を大人に」と言いたいくらいです。大学とは学びたい大人が行き交い、学び合う独特のスペースにならないかと願います。人間は死ぬまで「学ぶ」存在であると私は思っています。

「社会は大学を必要とし、大学は社会を必要としている」というのが私の考えです。

《提言1》在学期間一〇年を標準に
――学びながら働き、自己実現と社会貢献を

大学は四年で卒業するところでなく、働きながら学べるよう、入学後、仮に最大一〇年間あるいは三〇歳になるまでは学生の身分を保証する制度を提言します。もちろん、研究者を目指す人は学業に打ち込むこともでき、二年や三年の後に、大学院に進学する道も用意しましょう。

大学の在学期間の大幅な延長は、第一〇章でみた、「人生一〇〇年時代」の流れの上に立ちます。（1）学ぶことが増え続ける、（2）六〇代、七〇代の人のライフスタイルが変わる、教育→就職→引退→余生を過ごすという生き方はもう過去のもので、「マルチライフステージ」（グラットン）の考え方に移行しつつあることを考えることと呼応しています。

仕事以外の分野にエネルギーを注ぐこともできます。一〇年間学生の身分を活かして、趣味やスポーツの分野でセミプロを目指すこともできます。海外ボランティアもできます。

「早めに働きたい学生」「早めに働き手がほしい企業」の双方のニーズがマッチします。採用が決まった学生は安心して授業に向かうことができるし、企業は早めに「この人」と思った学生を採用したら良いでしょう。

また「大学に行きたいが、資金がない」という学生なら、労働と学業のバランスを取りながら最長一〇年間、大学にいれば良い。

就職に当面、関心のない学生は、とことん勉強するもよし、セミプロ目指して、やりたい音楽や旅行、囲碁、将棋、ダンス、登山、スキーに打ち込むのもアリです。ボランティアとして被災地に住み込むこともできます。

大学と企業が知恵を出し合えば、双方に都合のよい新しいシステムができるのではないでしょうか。

大学生は入学すると、一〇年のうちに必要な単位を修めて卒業（学士号）する。希望すれば、在学中に企業に勤めることができます（アルバイトでなく、企業と雇用契約を結ぶことができる。ここがミソ。この点は新たな制度設計が必要か）。仕事をしながら、学業を続けますが、勤め先と就業時間を取り決めます。企業での就業時間は必ずしも八時間ではありません。

コロナ禍以来、会社での働き方が全面的に見直されることになりました。リモート作業の可能性がはっきりし、大都市から中都市、小都市へ移転する傾向も出てきました。非人間的な満員の通勤電車に乗る必然性は徐々に希薄になっています。「一日八時間労働」は固定観念です。根拠が希薄だったことがコロナ禍で露呈しました。

これまでの二部（夜間）の制度を、夜に閉じ込めず、朝八時から夜一〇時まで、時間の幅を広げ、はるかに使い勝手よくしたものが、この「一〇年制」プランです。もちろん、四年で卒業することも可能です。

学生は入学時に時間をかけて、大学についてあらゆる角度からオリエンテーションを受け、教員との出会いを含め大学のソフト面とハード面にわたる「大学の徹底活用法」について習熟します。何せ最大一〇年間自由に使える施設です。学生証と（企業の）社員証の二つを持つ学生がキャンパスにいることになります。

大きなメリットとして五つ考えられます。

（1）学生は、ゆっくりじっくり勉強することで、「学問の喜び」を初めて体験することができる。受験環境から逃れられない子供は、「勉強する」とはいつも「制限時間」との競争でもあった。ここから脱却させる。

（2）その上で、どんな人生を歩みたいか、そのためのキャリアをどうすればよいか、自分の将来を考えることができる。若者が「幻をみる」、シニアは「夢をみる」機会を持つことができる。
（3）授業料を自分でかせぎながら学ぶことができる。子離れ、親離れがやりやすい。
（4）一〇年かけて卒業すればよいので、勉学と仕事にメリハリをつけられる。勉強する期間、仕事をする期間、それ以外の期間をきちんと設定し、「集中して」物事に取り組むクセを養う。
（5）企業は、一八―二八歳の若者に接する機会が増え、人物本位の採用が可能になる。同時に、学生が大学の勉強に打ち込んでいるかどうかの判定材料が得られる。点数と偏差値だけでやって来る学生も大学ではじめて「やりたいこと」を発見できる機会が得られる。
日本の大学の問題は、第9章で見た「負のスパイラル」のように、学生が特に勉学に興味のないまま大学にやってきて、「就職こそ重要課題」と捉えてしまうことと、企業が青田買いをするため大学教育を破壊している点にありました。「そんなものだ」と学生はあきらめていました。なので大学には不本意学生が多すぎました。

企業の側は現在、学生の今後の「伸びしろ」を求めて、積極的に青田買いをします。学生の方も大学に入ってからは、勉学よりも就職に強い関心を持ちます。環境がそうさせます。であるならば、早いうちに両者がマッチングし、早めに企業は内定を与えればよい話です。

日本企業による学生一括採用は、乱暴な採用の仕方です。働いた経験のない学生が企業のことをよく知らないまま就職してしまうため、平気でミスマッチが起きています。学生は子供の頃から大人や先生に忖度することが身に染み付いているので、就職活動で学生と企業の間のコミュニケーションは不全状態にあります。学生と企業のばかしあいのような光景もあります。新卒社員の三割が三年で辞めると言われますが、それは、企業にも学生にも落ち度があると思います。『約束のネバーランド』（コラム⑦参照）の暗喩にリアリティーを感じる人は多いのではないでしょうか。

この「一〇年学生プラン」は、学生と企業の双方へのソフトランディングの期間を含んでいると考えてください。

今でも学部であれば、八年在籍することができます。しかし、それは標準の四年から留年したり休学したりして、八年まで置いてやるという「後ろ向きの」性格がありました。ここでいう「一〇年構想」は、最長一〇年の大学の時間を「あなたなら真っ白なキャンバスにどのような学生生活を描きますか」と学生の積極性を刺激します。

一〇年と言えば、長いように思われるかもしれません。

しかし、医学部は六年ですし、その後の研修などがあり、医学生は一〇年近く同じ大学にいます。薬学部も六年です。私の勤め先の理系の大学では、学生は普通に修士課程に進みます。普通の学部でも、進学する人は修士二年、そのあと博士が三年です。その後も普通に大学に残ります。

私ごとで恐縮ですが、私は学部に四年、修士三年（一年の米国留学を含む）、社会人になってから米国の大学に一年（ジャーナリズム研究）、日本の大学の修士（社会人大学院）に二年、トータル一〇年間、「学ぶ」ために大学にいました。社会人大学院以外は全部フルタイムの学生（あるいはフェローという客員研究者）です。社会人大学院は仕事のあと一八―二一時でした。

その一〇年は決して長いというふうには思いません。自分にとっては必要な年月だったと思っています。なので、こういう制度は誰にとっても望ましいという以上に「必要だ」と私は考えます。

「学生時代にちゃんと勉強しておけば良かった」「先生が言っていたことが、社会に出て、やっと分かった。今ならまじめに授業を受けようと思う」。社会人となった卒業生に会うと、彼らは口を揃えたように言います。本心からそう思っていることがよく分かります。

これは、今の「大学教育」が構造上の問題を持っているからではないでしょうか。「学びたい時に学ぶ」場になっていません。今の「教育・就職・引退」という仕組みの中では、一度大学を離れてしまうと簡単には「学ぶ機会」が得られません。実社会に出て、初めて特定の学問の意義や重要性に気がつくのです。その必要性を感じたときこそチャンスです。そのタイミングで学んでこそ学習の成果は上がるはず。

そもそも必要性を感じていない段階で、授業を受けることが非効率的です。「なんだかピンと来ない」と思いながら教室にいても、幽体離脱が起き（コラム⑥参照）、情報が頭を通過するだけです。壮大な「もったいない」を皆でやっているようなものではありませんか。大学の外から来た人間にはそのようにみえます。

おそらく、大学で学ぶ法律や経済は、社会の実態に接しないと実感がわきません。ほとんど社会経験のない高校を出たばかりの若者が学んでもリアリティーがなく、知識が血肉となりにくいのです。高校生が夏目漱石を学ぶようなものです。漱石は大学生や社会人になってからこそ、と思います。専門を教えたがる教員が多数を占める大学では、学生が本当に学びたいことにうまく呼応していないように感じることがあります。「猫に小判」のような現象が日常化していないでしょうか。

ところで、二部（夜間）や社会人用の大学院がありますが、学ぶ側からすれば、使い勝手がよくありません。今の「夜間」の制度は大学側の作った制度に学生が合わせているからです。これも変な話です。夜間の学校や大学は本来、勤労者のニーズが先にあったはずです。

それはともかくも、「一〇年学生プラン」は、現在の二部や社会人用の大学の制度をもっと柔軟に運用しているものと考えればよいと思います。

例えば、一年生のうちに企業と話し合った学生は、二年生になったら、内定をくれた会社に入社し、一日五―六時間、場合によっては半日働き、週に三日は大学に出かけて併せて八コマ（半年で合計一六単位、一年で三二単位）取れば、少しきついですが四―五年で卒業できます（今すぐでもできるということです）。現行制度では学士号のためには一二四単位取得しなければなりません。リモートワークを効果的に取り入れれば実施できそうです。

これが急ペースすぎる、あるいは、サークル活動や余暇をもっと取りたい場合でも、一〇年のうちにキャンパスライフと仕事人生をうまく組み合わせればよいのです。

今、二部（夜間）を持っている大学なら、大きな改造をしなくても、事務的な処理で実施できそうです。

この制度は、学費ゆえに進学を諦めざるを得ない学生や、奨学金に頼らざるを得ない学生にメリットがあると思われます。お金を稼ぎたい学生はとにかく、入学して、二年時からはフルタイムで働くこともできます。二―三年で学資が貯金できたところで、学びながら働くこともできます。

つまり、この制度の良いところは、労働と学業が個々の学生のペースで調節できるということです。

こう言うと、「その制度は、大学教育を破壊するではないか。学生たるもの、勉強するために大学に行っているのだから」と言う人が出てきます。

私はその人にこう言うでしょう。「そうかもしれません。しかし、今、大学生が勉強しているのですか。彼らは、授業は聞かないし、サークルに必死なわけでもない。バイトに明け暮れています。で、関心事は就職です。要するに、頭の中はお金を稼ぐことに侵食されているのです。ならば、『学びながら働く』という概念を持って、早めにきちんとした仕事をしてもらえばいいではないですか」

この制度のさらに良いところは、研究志向の勉強三昧の学生を配慮している点にもあります。その気になれば、三年で卒業単位を修め、二一歳で卒業し、大学院に行くこともできるように、大学院の仕組みも変えることもできます。次に述べる《提言2》と組み合わせれば、意欲的な研究者にはうってつけだと思います。

また、一〇年間は自由に人生設計できるのですから、留学したり、ダブルメージャーで、異なる専攻を本格的に勉強することも可能です。物理と哲学、数学と生命倫理、政治学とジャーナリズムなど、いろいろな組み合わせで、学部を越えて、好きな科目を履修できるように制度設計するのです。

また、大学に入ったら、「とことん楽器を勉強する」「絵画部に行きたい。コンクールを目指す」「囲碁を始めたい。プロに師事したい」「二一―三年の留学をしたい」「弁護士試験の勉強を開始する。二五歳で検察官になる」「海外ボランティアに行きたい」ということも可能になります。

今の学生を見て思うことは、彼らが何をやっても中途半端であることです。彼らは物心ついたときからいつも、「時間」で競わされ、二二歳で卒業するのだから仕方ありません。一体、人生一〇〇年のマルチステージの時代に「二二歳」にどれほど重要な意味があるのかと思います。

四年という標準的な学部年限は昔の尺度では良かったかもしれませんが、今はどうでしょうか。いろいろな人生の可能性があるはずなのに四年でしかチャレンジできないのです。それは、就職という影が大学を覆っているからです。

理科系の学生は（東京理科大の場合）、六割が修士課程に行くので、就職活動の時間は長くありません。しかし、文科系の平均的な学生は何もかもが中途半端なまま、大学を「人生の夏休み」と位置付けて、方向感を欠いたまま四年を終えます。彼らが真剣に勉強に打ち込むのは、もっともよくやる人でせいぜい二年です。これが現実です。そして大学関係者はこのことを見て見ぬ振りをしています。

企業が「早めに大学生を確保したい」とする気持ちも分かります。で、あるならば、早めに学生を採用し、仕事に配慮しながら、勉学をさせてやるのがよいと私は思います。

労働生産性を引き上げる努力をするなら、二〇代の学生を一日、四―六時間の労働で、大学に通わせることはそれほど無理ではないと思います。勉学をきちんとするということは、それだけ人材の価値も上がるわけですから、企業にとってもプラスになるではありませんか。

なお、入試についてですが、たとえ一〇年プランになっても大学は「アドミッション（入学者の受け入れ）」「カリキュラム（教育プログラムのあり方）」「ディプロマ（卒業認定）」の三つのポリシーを厳格に守るべきだと思います。

この一〇年大学プランには、社会と大学の接点を誰かがコーディネートする必要があります。形あるものを作るには時間もエネルギーも必要ですが、何もしないと大学は細っていき、社会にとって幸福な状態にはならないように思います。

《提言2》一七歳以下でも大学入学を
――研究志向の人はどんどん先に進め

いわゆる「飛び級」制度を一般化することを提言したいと思います。勉強が好きな人、研究志向の人にどんどん先端に進んでほしい。

成績が優秀な子供が集まる中学や高校があります。そういうところでは高校二年生までにすべての過程を終えています。そのまま大学受験させる道を開きたいです。

日本の大学はほとんどの場合、一八歳でないと入試が受けられないことになっています。これを緩和し「飛び級」枠を作って、高校二年生でも大学を受験して受け入れるようなシステムを作ってはどうでしょうか。

すでに千葉大学が実施しています。蓄積されたサンプルを高校や大学の先生方、教育学者、社会学者、心理学者、倫理学、哲学、スポーツ医学など広い範囲から検討し、より良き制度に作り上げてはどうでしょうか。

研究者養成の観点から、「飛び級」枠の拡大を考えることは一考に値すると思います。最近、数学の超難問「ABC予想」を証明した京都大学の望月新一教授のことが話題になりました。米国育ちの望月さんは高校を二年で卒業し、ノーベル賞受賞者を多数輩出するプリンストン大に飛び級で入学したあと、ここを三年で終え、一九歳の時に大学院へに進学し、二三歳で博士号を取得したそうです。帰国して京都大数理解析研究所に移り三二歳という異例の若さで教授になったといいます。

この飛び級システムは、一般企業に就職することとは区別して考えていただきたいと思います。もちろん、飛び級で大学を終えた学生を積極的に受け入れたいという企業はそうしたら良いと思います。

大学の入試では、建前として、文科省が定めた指導要領を逸脱するような高いレベルの問題を出すことはできません。しかし、指導要領の範囲で、いくらでもひねくれた問題を作ることはできます。

同僚の数学の先生によると、高校程度の数学で、ひねくれた問題を作れば、大学の先生でも定められた時間内に解けない問題はいくらでもできるそうです。それは、教育的配慮からして正しいことでしょうか。「落とすために」作られているのが今の入試です。こういう試験に備えるための時間とエネルギーは誰にとって意味があるのでしょうか。

高校の教科書を理解する能力があるならば、一六歳でも一七歳でも一定の「枠」を設けて、本人の希望で大学に入学させても良いのではないでしょうか。落とし穴が盛り込まれた入試問題に取り組む代わりに、価値のある、高級なことを早めに教えるためです。

実は、飛び級の例を私たちは割とよく知っています。

将棋や囲碁、スポーツ、アート、音楽、アニメ、芸能の世界では、若い時から学校と関係なく一筋を歩んでいるではありませんか。たまたま学校教育の場でなかっただけの話です。早期のスキルの習得は、国語、算数、理科、社会、外国語のジャンルにあってもよいはずです。才能がありながら、凡庸のレベルに合わさなければいけないのは逆差別かもしれません。

もちろん、飛び級には問題がつきまとうかもしれません。飛び級が少数精鋭のエリート養成のように思われて、早く進んだ学生が差別意識や特権意識を持ってしまう危険もあるでしょう。

すでに飛び級が珍しくない米国でも問題が指摘されています。例えば、早くクラスが上がる子供たちの間で、新たな競争が始まるというのです。たしかに、早く大学に行って、早く卒業したい、という人はいると思います。飛び級は、才能のある子供をさらに伸ばすという英才教育の一面があるので、社会の側がこれを正しく認識する必要があります。

しかし、「英才教育＝特権」かどうかは別の要素で決まることだと思います。「頭が良い」「勉強がよくできる」子供は、さらに苦労する可能性もあります。もちろん、本人が嫌がるようでは、飛び級はすべきではないでしょう。

他にも、弊害はあるかもしれません。飛び級を制度として実施するには、どうやってその飛び級の資格を与えるかということを公明正大にアナウンスすることがぜひとも必要なことです。

弊害が予想されるならば、あらかじめ防御策を講じることができるかもしれません。いずれにしても、これを実現させるためには多くの人の知恵が必要かもしれません。日本にも千葉大には二〇年の歴史があるのですから、知見がほしいところです。また、甲子園でスターになった野球少年や一〇代で五輪メダリストになった人、将棋や囲碁、アート、音楽の世界でもたくさんの実例があるはずです。早期教育について調べる価値はありそうです。

《提言3》社会人学生の特別枠を増やせ
――「今から大学生になりたい人」歓迎します

三番目の提言は、「高校は何とか卒業したがその後が続かなかった」「大学生になりたかった」という人に対して門戸を広げることです。最近では、これについては賛成する人が多く、「リカレント教育」と言う言葉でもって多様な学生を受け入れる、特に社会人学生を受け入れる方向性が賛同されていると思います。

世代の異なる人が教室にいることの利点は大きいです。私の教員としての経験からしても、ゼミの運営では、社会人が一人でもいるとそのクラスは活気づきます。そのように感じている教員は多いと思います。

高校時代にはあまり勉強したくなかったが、会社に勤めてみて、本格的な勉強をしてもう一度やり直したいという人は案外多いものです。きっと皆さんのまわりにもこういう人はいるでしょう。

そういう人たちに、今のような大学入試を受けろというのは、酷《こく》なような気がします。入試免除の特別枠学生を作りましょう。私がイメージしているのは、五〇代以上の人たちです。当時、大学への進学率は四〇％に達していませんでした。せめて高校卒業の資格があるならば、社会人経験を考慮し、大学生として受け入れてはどうでしょうか。高校を卒業していないなら、高認（高校卒業認定試験。昔の「大検」）を受けてもらうことは義務付けたら良いと思います。

私のこの提言は、自分の経験から来ています。放送大学（神奈川県学習センター）の面接授業で二年間、週末に非常勤講師をしたことがあります。受講生の年齢は本当にさまざまで、会社勤めをしながら学んでいる人、シニア世代の人が意欲的に学んでいます。しかるべき単位を取得すれば、「学士」となるわけです。人間、いくつになっても「学び」を求め、そういう場があることが社会にとって必要だと実感したのです。

すでに今どきの大学、特に私立大学では、推薦入試やAO入試など多様な学生獲得の方法を実施しています。学生のレベルのばらつきは見られます。しかし、やる気と適切な指導があれば、十分にキャッチアップできますし、本当に勉強したければ、時間をかければ良いのです。

年齢やこれまでの経歴に関係なく学生なら誰でも参加できる科目群を作るのはどうでしょうか。ディスカッション形式のゼミでは、実社会の人々が具体的な課題を提示し、それに対する実際の解決策を文系理系学生が混合のチームで議論するような科目があれば、生きた学びの場となるのではないでしょうか。

この入試免除の特別枠学生というのは正規の学生としてではなくても良いかもしれません。各学部の学生数の一—二割という枠を決めて、経歴と面接と推薦くらいで判定してはどうでしょうか。仮に一年とか二年とか決めて、成績が良ければ、正式の学生にするかしないか決めるということでもいいかもしれません。

もしかしたら、入試を突破した正規の学生から、不公平だ、逆差別だという声が出てきそうです。しかしそのような考えは特権意識に基づいているのかもしれません。大学の公共性の観点から、そうした学生を受け入れた方がよいのか、そうでない方がよいのかを基準に考えたらよいと思います。一八歳の時の学力を測ることは意味があると私は思っていますが、それ以外の尺度にも目配りが必要なのではないでしょうか。

　これまで日本の教育システムでは、極端に言うと「一八歳時の学業成績（偏差値）」の独裁を許していた感があります。高校卒業時の試験で、後の人生が決まるということが本当によいのかどうか考えてみる時期にあるのではないでしょうか。「人生一〇〇年」の時代に「一八歳主義」は間尺《ましやく》に合わないのではないでしょうか。多様化する社会においては、やり直しができるプログラムがあってもよいと私は思います。

《提言4》社会人に小中学校の教員養成プログラムを
――教育への職種転換の道を開く

　シニア世代にぜひ社会貢献してほしい分野があります。それは、初等中等教育に参画することです。このため、大学で教員免状の取得のあり方を見直すことを前提に新たな計画を早急に作成したいところです。

　今、小学校や中学校の教員採用試験の倍率が下がり、非正規教員が不足しているなど、教員不足が深刻化しています。

　会社生活も半ばの人や、現在の定年六〇―六五歳で引退するような人で、「小学校の先生になってみよう」「中学で教えたい」という希望を持っている人は案外多いです。私の周りにもいますが、どうしてよいかがわからないまま時間が過ぎている状態です。

やや私の偏見を述べさせてもらうと、小学校には若い先生が必要ですが、同時に民間で仕事をしてきた人が子供に接することはとても重要だと思います。教員と裁判官はある程度年齢が高いほど良いという面はあるはずです。イエスを裏切らざるを得なかったユダの気持ちを骨身に染みて分かるには、人生経験は必要です。

孔子は、「三十で立つ、四十にして惑わず、五十で天命を知る」と言いました。これは、「年齢には意味がある」ということなのです。

たとえば小学生とシニアとの相性が良いのは、小さな子供と遊ぶおじいちゃん、おばあちゃんの実例でほとんどの人が知っています。シニアだからこそ、孫のような子供に伝えることは必ずあります。会社経験のある三〇、四〇、五〇代の人が、小学校や中学で教えることはいっぱいあると思います。

ならば、小学校や中学校にも、それ相応の人生経験を経た教員がいてもいいのではないでしょうか。教員の世界にシニアを受け入れる新たな制度や仕組みを作りませんか。

教員になりたいと思う中高年を大学が受け入れ、しかるべき科目を履修し、実習した上で教育資格が取れるという仕組みがあっても良いのではないでしょうか。初等中等教育の現場に実務経験がある人がもっと増えてもよいのでは、と私は思います。

また、シニアが保育士になった例もあります。最近、日本アイ・ビー・エムのある幹部がリタイア後、六五歳で保育士になったことが話題になりました。ある日「待機児童問題」を知り、通信教育の勉強で保育士の試験に合格したそうです（髙田勇紀夫『じーじ、65歳で保育士になったよ』幻冬舎、二〇一八年）。

《提言5》地元・地域のカルチャー拠点に
――地域通貨で大学の活性化を

新型コロナウイルス感染拡大で導入されたリモート教育の利点の上に、大学と地域との合体を深め、大学を「大学ビレッジ」として再生させます。少子化にもかかわらず、大学が増えたため、学科や学部レベルでは、定員割れを起こしている大学も出てきました。大学の数が多すぎると批判する人が多いです。「閉鎖を」という議論までありますが、ちょっと待ってください。建設的な知恵を結集して、大学に全国の市民を巻き込み、これまでにない「ビレッジ」作って「知の再武装」をしませんか。

大学を若者に独占させてはなりません。

今後、「選択と集中」などというビジネス手法が取り入れられ、閉鎖に追い込まれる学科や学部、大学が出てくるとの観測もあります。

しかし、大学が多すぎるというのはそれほど問題でしょうか。むしろ、大学の数が多いということは、この国の余裕を示していると言えませんか。

大学は教育、研究が実践されている場です。「学問の自由」「大学の自治」から、大学やキャンパスが浮世離れした存在に見えるかもしれません。しかし、そこには、多くの教員とさらに多くの学生がいます。教室があり、研究設備があり、図書館があり、会議室があり、セミナー室、外国語ラボがある。憩いのスペースとして、芝生や緑地、小さな森林さえキャンパスにはあります。生活協同組合のショップや書店もあります。今では、外部資本が入って、おしゃれなレストランを置いている大学も珍しくありません。ゲストハウスとしての宿舎もあります。休みの時期なら、学生寮も使えるかもしれません。

スポーツ施設としても優れています。テニスコートや体育館はもちろん、大学によっては四〇〇メートルのトラックのあるグラウンドやプール、馬術クラブ用の練習場、ヨットハーバーもあります。言ってみれば優れた文化施設が揃いも揃ってるとは言えないでしょうか。

人の面でも多種多様で多彩です。学部や大学院の学生はもちろん、教員（シニア、中堅、若手）やポスドク科学者などのマンパワーの集団です。大学は知の拠点なのですから、知や教養のエネルギーに身近に触れるメリットは大きいでしょう。拠点の周辺にいるだけでも、人は影響を受けるものです。大学には各国からの留学生や、研究者がいるので、グローバルな雰囲気にも満ちています。

こういう、人が往来するところ、しかも世界最先端の知識を持っている人が往来する所が大学です。このような機能拠点文化の拠点、芸術の拠点、もっと言うと「大学タウン」「大学ビレッジ」という発想を持って、現在の大学が新しく生まれ変わることはできないでしょうか。

思えば、これまで大学は社会の中で、人の往来という観点からすれば孤立した存在でした。「大学とはお高くとまったところ」「一般市民からは敷居の高いところ」というイメージがありました。

すでに多くの大学が実施していますが、図書館だって、入館証を特別に発行することで、地元の人が利用することになれば、地域に貢献することになるのではないでしょうか。もちろん大学の主役はその大学の学生なので、学生の邪魔になることがあってはなりません。しかし限定付きでもよいので、大学の授業を一般市民に開放することで、授業そのものが活気づくこともあると思います。実は、学生にとって、自分たちと違う種類の人たちと実直に触れ合うことは良いことずくめだと思います。

たしかに、実験主体、実技主体の少人数ゼミでは、部外者、学外者の受け入れはすべきではありませんが、科目や講義の性質に照らし合わせると、学外者の参加があると、かえって、生き生きとした授業やクラス運営を可能にすると私は思っています。

社会に関する問題、例えば、ゴミ問題、満員電車の問題などについて議論するときに、社会人が一人でもクラスに入ると、大学というものが実は社会とどれだけ関係し得るかということが分かると思います。

実利の点から、主にテクノロジーの分野で「産学連携」が叫ばれることが多いですが、社会的知見の交換・交流の点から、社会と大学の連携に道が開かれないかと思います。今、大学にこのような窓口がないために、「社学連携」がありませんが、人気講師によるカルチャーセンタークラスの盛況ぶりをみると、いろいろな分野で大学と社会の交流ができるはずだと思います。

これまで、地元の社会は大学を必要としているのに、大学のほうは足元の地域社会との付き合いについて冷淡だったのではないでしょうか。

現在、東京で私が暮らしているエリアには、徒歩圏内にいくつかの大学があります。しかし、散歩の途中で大学に入ることはありません。警備員の目などを意識すると足を踏み入れるのを躊躇します。そこには書店もあり、学食があることを知っていても、私のような大学の教員ですら、他の大学にふらっと入ることはためらわれます。

「大学はどこかよそよそしいところ」というのが私の実感です。

もしも大学がもう少し地域に開かれているならば、キャンパスには、ベンチを求めて読書をする社会人、芝生のそばで子供を遊ばせたいと思う親御さん、大学生の若い姿に触れたいと思う近隣のお店の人など、さまざまな人々が集まって、広場のような機能を発揮することだってできるはずだと思います。日本はもともと広場が少ない国なのですから、大学がその役割を担ってくれないでしょうか。

学生や教職員の邪魔になるかもしれないことは分かりますし、警備の点から、キャンパスを立ち入り自由にすることにはハードルがあるのはよく理解できます。しかし、それでも知恵を出し合えるように思います。

理想的には、地元で「地域通貨」を発行し、これを大学ビレッジで使えるようにすることです。地元との一体感作りにぜひ、と思います。米国には、コーネル大学の地元で、「イサカ」という通貨が流通していました。近隣の住人や店、会社に開かれ、地元応援団というべき熱を持った支援組織があれば、大学は活性化できると思います。

「社会の中の大学」「地域と共存する大学」を考えてみる余地はあると思います。そのために、いくつか留意すべきことを考えてみました。

（1）大学側の地域との交流を担当する部署が中心となって、大学と地域で話し合って大学ができることをリストアップします。できれば、コーディネーターを設置します。コーディネーターは大学の内部の各部署、各学部学科と連携を取り、地域に関してできる事を企画立案する役割を担います。

（2）大学の教員は地元の人たちに、単発もしくはシリーズの講演、トークショーを練り上げます。大学の教員は各ジャンルの専門家であるので、いつも専門家の中で仕事をしていますが、一般市民向けに話をすることについて努力する必要があると私は思います。専門分野は専門分野だけで成り立つという時代ではもはやなく、社会との関係において専門分野のあり方が問われる時期に来ているからです。

（3）各大学にはすでに市民向けの講演会やセミナーがあるはずです。理科系の大学であれば、「サイエンスカフェ」を実施しているところも多いです。最近では「哲学カフェ」や「憲法カフェ」もでてきています。「絵本カフェ」「文学カフェ」はどうでしょうか。「乗馬教室」「ヨット教室」は検討できないでしょうか。要するに社学連携とはこのようなこれまでの試みをさらに拡充することだと思います。

（4）既存のカルチャースクールを趣味的なものから発展させ、アカデミックな内容に充実させます。多くの大学には既にカルチャースクール（有料制）があると思います。これを、さらに学問的にするのです。

実は既に、市民向けの授業をきちんと組織化し、認定表などを発行している制度を実施している立教大学の成功例があります。「立教セカンドステージ大学」がそれです。「学び直し」「再チャレンジ」「異世代共学」をモットーに、二〇〇八年に五〇歳以上のシニアのために創設した学びの「場」です。単なる市民文化講座などとは異なり、所定の単位を取得すると、文部科学省が定める「履修証明書」が交付されます。すべての受講生がゼミに所属し、担当教員の指導を受けながら、修了論文を作成します。

この大学で教えた経験のある評論家の立花隆さんは、主婦が元裁判官や元大学副学長と机を並べている風景を挙げて、「最高の授業というのは、『教える』側も多くのことが『学べる』授業だということですね」と話しています（『中央公論』二〇一一年二月号、三三ページ）。

海外から視察に来るくらい、立教セカンドステージ大学は珍しい大学です。新しい大学づくりのヒントがあると思います。

大学が今後、あらゆる世代に向かって開かれたものになる際に、リカレント教育はとても重要です。「人生一〇〇年時代」であれば、「どう生きるか」は必ず「学び」に通じます。

変化の激しい時代には、誰もがスキルの陳腐化を防ぐために、定期的にスキルアップや能力開発をする必要性が生じます。「卒業したらもう学ぶ必要がない」という時代ではありません。このことはもっと大々的に喧伝《けんでん》されるべきですが、そうでないことが不思議です。マーケットとしても大きいのに、と思います。

《提言6》本気で地域間の連携を
――ネットワーク空間と移動空間で生き延びる

日本各地に大学ビレッジがあって、それぞれにネットワークがあり、科目の単位互換があれば、何か新しいことができそうです。

新型コロナウイルスの影響で一気にリモートワークの可能性に目覚めた私たちは、都市部を離れた地域での暮らしを考え始めました。地方にある大学にはチャンスが訪れたと理解すべきだと私は思います。

本当は、山や海の近くで暮らしたいけれど、仕事ゆえに都市部に住んでいる人は案外多いものです。実を言うと、この私がそうです。日本は、東京、名古屋、大阪などに人口の一極集中が過ぎます。新型コロナウイルス感染症の影響もあり、二〇二〇年六月の内閣府調査では、東京二三区に住む二〇代で地方移住への関心が高くなったという人が三五・四%に達したそうです。

地方の大学が老若男女の学びの拠点になり得ると思います。

今から数百年前、ヨーロッパで、学生たちが気に入った先生のところに渡り歩いたことが大学の起源です。学期ごとに、山や海、田舎、都会、それぞれの環境の特色を持った大学に渡れるシステムがあれば、「大学生になりたい」「もう一度、大学で学びたい」と思う人は相当数いると思います。

例えば一年ごとに、行きたい大学を渡りながら、未知の先生やクラスメートの老若男女と学びあえたら、これまで得られなかったライフスタイルになるではありませんか。

こんな考えはどうでしょうか。集中講義として、「四国八十八ヶ所の遍路コース」を一学期かけて回るコースを作ることが考えられます。空海や遣唐使の世界、仏教の世界、寺社の歴史、日本人の死生観などを学際的に学ぶことができ、それが単位として認定されれば、受講者は外国からも集められそうです。

このような学習教育プランは、これまでもカルチャーセンターで細々と企画され、実施されてきました。また、「万葉集を巡る旅」や和歌や俳句散策の小旅行は各地で行われています。しかし、これを「大学の教科としての単位」がかかった、より公的で、組織的な学術の立場から組み直せば、多くの知見が結集でき、新たな地平が開けるように思います。

学問を、いわゆる「研究者」に独占させる必要もないと思います。

日本は古くて、各地に固有の文化があります。それぞれの大学はたいてい、地元や地域を研究対象にした研究施設を持っています。日本の各地に点在する大学が上手にネットワークを構築すれば、自然科学、社会科学、人文科学の学問の大胆な「ビッグバン」ができると私は思っています。

思えば、古事記も万葉集も、ギリシア哲学もシェイクスピアもベートーヴェンも、オペラ、歌舞伎、能、狂言も、ある種の好事家《こうずか》が独占してしまい、排他的な壁を作っているように思います。知識をひけらかしているようにも見える「自称クラシックファン」「自称オペラファン」は時々困った存在になります。教養は開かれてこそ充実し拡大し、さらなる普遍性を持つと思います。

これまで、こういう科目ができなかったのは、「大学とは若者が学ぶところ」という固定観念に、ほとんどの人が支配されてきたからにほかなりません。

地味で、「役に立たない」と思われ、不当な扱いを受けているインドや中国の古代哲学、宗教学などの科目も、「四国遍路概論」などという科目があれば、引っ張りだこになる可能性もあると私は思います。「お遍路」は各地にあるではありませんか。

勉強を、研究室に閉じ込めるのでなく、移動空間のなかに呼び起こせば、学問もまた新たな息吹を取り戻すのではないでしょうか。

おわりに

社会人教員として大学の世界に入り、一〇年が過ぎました。大学の重い扉が開いて、中に入って体験したことは、それまでに理解していたこととはいくぶん違っていました。日本の大学は表面上とは違って、その奥に切実な問題を抱えていたのです。本書は、現在の大学について私が経験したことを基に、なるべく具体的に書くように心がけました。記者の世界に長くいた人間の文章ですので、硬質の大学論にはならず、大学の断面を表すスケッチになったのではないかと思います。

本書の冒頭にお示しした「大学はゾンビか」は、おもしろい課題設定だと思います。かりにゾンビだとしたら、なぜゾンビになったのか、ゾンビの心境はどうか、記者としてゾンビにインタビューしたいところです。けれど私もいつしか、ゾンビの側にいる人間になっているかもしれません。そうするとゾンビに寄り添うしかありません。ならば、まずゾンビを受け入れてみようというのが本書のアプローチです。

問題の多い日本の大学ですが、実はこれまで多くの人が大学を有効活用してきました。ある人は大学の中や外で出世するために、ある人は学歴というブランドを身にまとうために、ある人は自分探しの「シェルター代わり」に四年間を過ごします。

ある人は新たなアインシュタインになることを目指して大学に来ます。年収三億円を夢みて、起業するための準備期間として大学に来る人もいるでしょう。いきなりプロのバンドマンにはなれないので「部室でギター三昧」の人もいます。

それぞれが、大学というものに、自分にとって都合のよいスタンダードを設定するのです。大学も中途半端に応えようとして、「ウチの大学ならできます」と大見えを切るものだから、はからずも複数のスタンダードを背負い込むことになりました。そうすることで、大学は役割を果たしてきました。

日本の大学の問題は、できることとできないことを「大学」という名のもとに引き受け過ぎた、あるいはそういうものを「押し付けられた」ことにあります。

そうこうしているうちに、「世界大学ランキング」という黒船が日本の大学を襲いました。日本の大学のパフォーマンスが世界中に明るみになりました。結果、「日本の大学、このままで良いのか」が各方面で論じられることになったのです。日本社会が大学生の企業への就職に気を取られているうちにアカデミズムが軽視されていたことが露見しました。いえ、アカデミズム以前にこの国では「学生に勉強させること」が抜け落ちていたのです。

本書で繰り返し述べたように、大学の問題は多くが「社会」の産物です。企業、親、学生、教員、メディアなどが大学の本質や主体性を毀損してきました。どうやれば、そこから脱却できるかについては、本書の終章で六つの提言をしました。

＊

最後に三点、補うことがあります。

第一に、今の四年間の「学部」教育を、次のステップへの揺籃《ようらん》期と設定して、「教養教育」や「市民教育」に徹底してほしいと思います。そして、「専門教育は大学院で」と考えます。日本の大学（学部）は長い間、専門家養成の、つまり大学教員になるためのカリキュラムを守ってきました。早く教養教育に舵《かじ》を切ってほしい。第10章で述べたように、人生一〇〇年時代に私たちは学ぶことが増え、森羅万象と人間についての「学び」を増やさないと、ロボットやＡＩの奴隷になるような時代になったからです。ロボットやＡＩを飼いならし、共存する時代です。それには身近なところから簡単にアプローチできる「学び」が不可欠です。

その意味で、リベラルアーツを重視する大学がやっているように、「専門はなるべく後で決める」方式が理にかなっているように思います。それでも「早く専門を学びたい」学生には、専門教育ができるような配慮すればよいのです。

新型コロナウイルス感染症問題でわかったことは、「科学と社会の相互関係の脆弱さ」でした。結局のところ、新型ウイルスは私たちに暗闇の中を手探りで前に進むことを強いました。

そして、サイエンス（科学）の導きを求めながら、闇の中を進む際に明らかになったことは、情報の正しい共有や隣にいる人との連携ではなかったでしょうか。

皮相な発想で、早い段階で文科系だの理科系だのと分けることは、結局はロボットとＡＩに支配される人間を作ることにつながるように思います。学部教育では、市民とはどうあるべきかを常に問い、学び方を学ぶリベラルアーツ（教養教育）に徹するべきだと思います。

新しい教養教育は、現実的テーマを、分野横断的に取り扱う必要があります。生命倫理や環境への知識とセンスがますます必要になる時代には、誰にとっても法律や経済、金融の知識は欠かせません。哲学や歴史への洞察は必須です。どんな人も、科学や技術の基本を理解し、判断し意思決定する力が、パソコンやインターネットを使う能力と同様に大切なのです。

例えば、情報通信の５Ｇ（第五世代情報通信システム）です。私が今、リモート授業を実施して感じるストレスは、情報通信の遅さです。とても満足できません。５Ｇは、医療や自動運転、教育、つまり社会全般を根本から変えるでしょう。技術を社会がどのように活かすかについては、教養の出番です。「技術と教養」に注目が集まってほしいと願います。

私が終章で述べた「二〇年の学生証プラン」で実施されることは、このリベラルアーツの実践にほかなりません。一〇年のうちに就職や進学をじっくり考え、社会で起きていることを学生は学んでほしいのです。いえ、大学教員も、授業料を払ってリカレント教育を受けたら良いと思います。専門を持つ大学教員こそ「リベラルアーツ型」の教育にも手を染めてほしい。

第二に、市民教育について。大学を卒業するころには、一般の新聞に書かれていることについて、外国から来た人にも子供にも「読み聞かせることができる」人になってほしいと思います。私が通信社にいたとき、海外支局をいくつも経験した一世代上の先輩が言っていたことを忘れません。

「海外で取材すると、こちらの度量が問われる。いつ誰に会っても、日本について質問されそうなことは何であれ二分や三分で手短に説明できるよう心がけているよ」

大学を卒業する人は、せめて新聞の政治、経済、外交、社会、科学、文化、スポーツ、芸能など見出しくらいは追いかける人であってほしいと思います。現代人にとって、「教養の範囲」は新聞に書かれていることについてちょっとした意見や感想を述べられることではないでしょうか。

もっとも、新聞社や放送局も今や、大学と同様に「ゾンビ化」が進んでいるかもしれず、成り行きが心配です。

第三に、グローバルな視点から。本書の「はじめに」で引き合いに出した書籍『大学はもう死んでいる？』の副題を見て、「これだ」と思いました。副題には「トップユニバーシティーからの問題提起」とあります。つまり、「大学」と「ユニバーシティー」を分けているのです。両者は似て非なるもの。「役割が違う」というメッセージが込められています。この本の中で対論した東京大学教授の吉見俊哉さんと、オックスフォード大学教授の苅谷剛彦さんは、「日本の大学の未来」を探るうまいキーワードをくれました。

＊

本書は書き下ろしです。「社会人教授は見た！」という感じで大学論ができないですか、という編集者の要請を受けたのは一八か月前でした。最後の三か月で、にわかに大仕事となったオンライン授業対策など、新型コロナウイルス感染症を経験した大学についても記すことができました。ウイルスの影響は大きく大学に押し寄せました。二〇二〇年を境に世界の大学のあり方が大きく変わるのは間違いありません。

大学は一気に、オンライン講義という新たな手段を実装しました。私が終章で挙げた新しい大学像にも良き効果がもたらされると思います。

とはいえ、大学とは本来、人と人が出会うところです。人間は放っておけば、人と一緒にいることを求めます。人と人が会うことで、ケミストリー（化学融合）が起きます。オンラインの出会いは良い点があるものの、ケミストリーが希薄かなと思います。オンライン講義だけでは、大学の活動のほんの一部分しか実現できません。

＊

青土社編集部の足立朋也さんには、「社会」でなく「世間」の中で生きる日本人のコミュニケーションについて論じた前作『わたしたちの英語』（二〇一八年）でお世話になりました。今回で二作目の二人三脚です。カジュアル化する時代の「知性と教養」について、足立さんとのやりとりから刺激を受けました。貴重な助言をたくさんいただきました。感謝。

さらに、本の装幀が不思議な力をくれました。落ち着いたたたずまいが出て、本文の至らぬ点を補強してくれたように思います。装幀家の大倉真一郎さんに感謝申し上げます。

＊

大学について書かれた書物は本当に多いです。その中で、本書は学術書ではありません。元記者が、大学という「異文化世界」に入ってこの目で見、この耳で聞いたことを、大学に寄り添いながら、時に大学を突き放しながら、筆を走らせたスケッチです。くっきりとした輪郭線を探しながら描いたクロッキーです。アカデミックで緻密《ちみつ》なデッサンを期待されたら、それにはお応えできません。その点、どうぞご了承いただければと願います。

書名に引かれて、本書を手にとってくださった読者には、心から感謝申し上げます。

この本を読んで「大学に行きたくなった」「もう一度、大学で学び直そう」と思う方がいらっしゃれば、とてもとてもうれしいです。大学はほとんどすべての人を受け入れる時代になったと感じます。

とはいえ、現職の大学関係者が違和感をお持ちになり、眉をひそめるだろうな、ということも予想しています。その際は、「外から来た人はそんな風に思うんだ」くらいに寛容に受けとめていただくとうれしいです。その上でのご批判には耳を傾けるつもりです。

最後にもう一度。社会は大学を必要とし、大学は社会を必要としています。「みんなの大学」へ向かうほかに手はありません。

二〇二〇年八月一日　梅雨が明けて青空が広がった日に

宮武久佳

参考文献

朝日新聞出版『大学ランキング２０２１』朝日新聞出版、二〇二〇年
池上彰＋佐藤優『教育激変―２０２０年、大学入試と学習指導要領大改革のゆくえ』中公新書ラクレ、二〇一九年
石黒浩『人と芸術とアンドロイド――私はなぜロボットを作るのか』日本評論社、二〇一二年
石黒浩『人とは何か――アンドロイド研究から解き明かす』ＮＨＫ出版、二〇一九年
内田樹『下流志向――学ばない子どもたち 働かない若者たち』講談社文庫、二〇〇九年
内田樹『街場の大学論――ウチダ式教育再生』角川文庫、二〇一〇年
大内裕和『奨学金が日本を滅ぼす』朝日新書、二〇一七年
小熊英二『日本社会のしくみ――雇用・教育・福祉の歴史社会学』講談社現代新書、二〇一九年
金森修『科学の危機』集英社新書、二〇一五年
苅谷剛彦『変わるニッポンの大学――改革か迷走か』玉川大学出版部、一九九八年
苅谷剛彦『学力と階層』朝日新聞出版、二〇一二年
苅谷剛彦＋吉見俊哉『大学はもう死んでいる?――トップユニバーシティーからの問題提起』集英社新書、二〇二〇年

木村誠『大学大崩壊――リストラされる国立大、見捨てられる私立大』朝日新書、二〇一八年
リンダ・グラットン＋アンドリュー・スコット『ライフシフト――100年時代の人生戦略』池村千秋訳、東洋経済新報社、二〇一六年
黒木登志夫『落下傘学長奮闘記――大学法人化の現場から』中公新書ラクレ、二〇〇九年
黒木登志夫『研究不正――科学者の捏造、改竄、盗用』中公新書、二〇一六年
スーザン・ケイン『内向型人間のすごい力――静かな人が世界を変える』古草秀子訳、講談社＋α文庫、二〇一五年
五神真『大学の未来地図――「知識集約型社会」を創る』ちくま新書、二〇一九年
斎藤恭一『大学教授が、「研究だけ」していると思ったら、大間違いだ！――「不人気学科教授」奮闘記』イースト・プレス、二〇二〇年
佐々木隆生『大学入試の終焉――高大接続テストによる再生』北海道大学出版会、二〇一二年
佐藤郁哉『大学改革の迷走』ちくま新書、二〇一九年
佐藤優＋松岡敬『いま大学で勉強するということ――「良く生きる」ための学びとは』岩波書店、二〇一八年
潮木守一『職業としての大学教授』中公叢書、二〇〇九年
杉村太郎＋熊谷智宏『絶対内定2021――自己分析とキャリアデザインの描き方』ダイヤモンド社、二〇一九年
鈴木大裕『崩壊するアメリカの公教育――日本への警告』岩波書店、二〇一六年
竹内洋『教養主義の没落――変わりゆくエリート学生文化』中公新書、二〇〇三年
竹内洋＋佐藤優『大学の問題 問題の大学』時事通信社、二〇一九年
出口治明『ここにしかない大学――APU学長日記』日経BP、二〇二〇年

寺島実郎『ジェロントロジー宣言――「知の再武装」で100歳人生を生き抜く』NHK出版新書、二〇一八年
土井隆義『「宿命」を生きる若者たち――格差と幸福をつなぐもの』岩波ブックレット、二〇一九年
広中平祐『学問の発見――数学者が語る「考えること・学ぶこと」』講談社ブルーバックス、二〇一八年
藤本夕衣＋古川雄嗣＋渡邉浩一編『反「大学改革」論――若手からの問題提起』ナカニシヤ出版、二〇一七年
細井克彦『岐路に立つ日本の大学―新自由主義大学改革とその超克の方向』合同出版、二〇一八年
本田由紀編『文系大学教育は仕事の役に立つのか――職業的レリバンスの検討』ナカニシヤ出版、二〇一八年
増田直紀『海外で研究者になる――就活と仕事事情』中公新書、二〇一九年
松野弘『講座社会人教授入門――方法と戦略』ミネルヴァ書房、二〇一九年
松本美奈『異見交論――崖っぷちの大学を語る』事業構想大学院大学出版部、二〇一九年
溝上慎一『学習とパーソナリティ――「あの子はおとなしいけど成績はいいんですよね！」をどう見るか』東信堂、二〇一八年
溝上慎一『大学生白書――いまの大学教育では学生を変えられない』東信堂、二〇一八年
溝上慎一責任編集『高大接続の本質――「学校と社会をつなぐ調査」から見えてきた課題』学事出版、二〇一八年
村上陽一郎『移りゆく社会に抗して――三・一一の世紀に』青土社、二〇一七年
両角亜希子編『学長リーダーシップの条件』東信堂、二〇一九年
諸星裕『消える大学残る大学――全入時代の生き残り戦略』集英社、二〇〇八年

山口裕之『「大学改革」という病――学問の自由・財政基盤・競争主義から検証する』明石書店、二〇一七年
山口正洋『ぐっちーさんが遺した日本経済への最終提言177』朝日新聞出版、二〇二〇年
吉川徹『学歴分断社会』ちくま新書、二〇〇九年
吉見俊哉『大学とは何か』岩波新書、二〇一一年
吉見俊哉『「文系学部廃止」の衝撃』集英社新書、二〇一六年
與那覇潤『知性は死なない――平成の鬱をこえて』文藝春秋、二〇一八年
アキ・ロバーツ+竹内洋『アメリカの大学の裏側――「世界最高水準」は危機にあるのか?』朝日新書、二〇一七年

索　引

あ　行

アイボ　275-76
青田買い　6, 81, 209, 292
アクティブ・ラーニング　67, 253-54
アドミッション・オフィス　97
アドミッション・ポリシー　66-67, 96-98, 191, 298
『ある愛の詩』　57
アル・ゴア　58
イエスマン　174-75
石黒浩　267-68, 275, 277, 281-82
一億総中流　87
医療大学　85
イルカの飼育係　164-65
インスタ映え　1, 73, 91-92
Uber(ウーバー)　273
AO入試　6, 81, 96-100, 116, 120, 191, 227, 231, 304
AP通信　24
SD(スタッフ・ディベロップメント)　66, 68
FD(ファカルティー・ディベロップメント)　66, 68, 128
MOU　37
エリート官僚　174-175
エリート段階　106, 109, 210
オーケストラ　56, 166, 284-85
オープンキャンパス　93
大森不二雄　219
『おしん』　262
『音楽美論』　44

か　行

学士の質保証　66, 119
学習支援ハンドブック　115
学修ポートフォリオ　66
学生証　42, 291, 320
カタカナ学部　72
片瀬一男　111
学校教育法　69
カリキュラム・ポリシー　66-67, 191, 298
カリフォルニア大学(UCLA)　41, 46-47, 49, 57
苅谷剛彦　110, 322
看護師　85, 87
看護大学　85
神田眞人　195
客室乗務員　87
旧制高校　109, 215
共同通信　5, 21-28, 31, 34, 41, 50-51, 59, 75, 87
金田一秀穂　158-59
9月入学　189-90, 251
グラットン, リンダ　255-56, 259-260, 263, 289

クリスマスケーキ　87-88
グループディスカッション　97, 145, 147, 253
建学の理念　97
研究室　32, 46, 50, 71, 88, 94, 124, 193-96, 212, 316
原子力工学　47-48
国際基督教大学（ICU）　40, 46, 167, 189
国際みなとまち大学リーグ　32
心の病　7, 125-26, 129, 210
ことぶき退社　87-88

さ　行

斎藤恭一　94
榊原英資　222
シーガル，エリック　57
GPA　223
『ジェロントロジー宣言』　259-60
仕送り　177-81, 249
志願者　6, 79-82, 86, 94, 101, 111, 150, 210
実務家教員　22, 39-40
下村満子　54
社会人教授　5, 9, 22, 39, 322
社交的な学生　148-50
就職活動　3, 42-43, 50, 206-07, 209, 232, 293, 298
障害者差別解消法　127
生涯賃金　130, 177
少子化　81, 114, 123, 307
消費増税　183
シラバス　66-67, 221
新型コロナウイルス　10, 59, 62, 119, 122, 129, 185, 189, 236, 246, 273, 307, 314, 320, 322
シンガポール国立大学　35-36
人工知能　8, 143, 256, 266, 272, 275-76, 281-82
「人生の夏休み」　245-46, 298
人生 100 年時代　9, 68, 255-56, 258, 260, 289, 313, 319
推薦入試　81, 97, 99-101, 120, 191, 227, 231, 304
Zoom（ズーム）　59, 233, 265, 274
清華大学　35-36
成績通知書　121
世界大学ランキング　1, 35-38, 285, 318
「先生」　73-76
専門職大学　39
専門職大学院　11, 23
総合型選抜　96, 116
卒業写真　92
ゾンビ　1, 4, 10, 216, 244, 317, 321

た　行

大学設置基準　69-71, 85, 195, 237-39
「大学の耐えられない軽さ」　215-16
『大学はもう死んでいる？』　2, 321-22
タイムズ・ハイヤー・エデュケーション（THE）　35-36, 38
「タウン・アンド・ガウン」　64

竹内洋　114, 214
田澤元章　239
男女雇用機会均等法　84, 87
ダンスターハウス　54-56, 58
「知の再武装」　260-61, 307
『チボー家の人々』　278-79
中流意識　6, 87
TA（ティーチング・アシスタント）　140-41
定員割れ　80-81, 114, 307
ディプロマ・ポリシー　66-67, 191, 298
出口治明　247
寺島実郎　259-61
テレワーク　236
同調圧力　87
読字障害　128
図書館　48-49, 57, 62, 70, 115, 182, 222, 308-09
飛び級　299-302
冨山和彦　204-05
トロウ，マーチン　106, 110

な　行

中村修二　61
中室牧子　201
ニーマン・ジャーナリズム財団　51-52
日本音楽著作権協会（JASRAC）　12, 259
日本語ワープロ　269, 271
日本新聞協会　65
認証評価　66, 110

は　行

ハーバード大学　5, 41, 51-53, 55, 63-64, 140
林真理子　171
ハラール対応　32
ハンスリック，エドゥアルト　44
反転授業　67
B to B ／ B to C　207
美学　5, 41-45, 50, 197
『フィガロの結婚』　56-57
福祉大学　85
ブラックバイト　181-82
「FREE」（高等教育無償化プロジェクト）　184-85
古川雄嗣　213-15
北京大学　35-36
ヘリコプター・ペアレント　251
偏差値　38, 80-82, 95, 99, 206, 227-229, 232, 292, 305
保護者会　7, 114, 122-25
『慕情』　165
ボリュームゾーン（中間層）　11, 111, 207
ポルシェ　171-172
香港大学　35-36, 38

ま　行

マス段階　106, 108, 210
松下幸之助　262

幻(まぼろし)　74, 166-67, 171-72, 175-76, 291
ミシガン大学　54, 222
ミスマッチ　229, 292
溝上慎一　173-75
村山斉　197-98
望月新一　300
もの作り大国　269

や　行

『約束のネバーランド』　10, 186, 293
安河内哲也　169
山口正洋　170
山中伸弥　171-72, 261
湯浅八郎　167, 176
ユニバーサル化(大学の)　6, 78, 105-06, 108, 110-12, 122, 125, 127, 129-30, 140-41, 160, 176, 182, 210, 231, 251
横浜国立大学　11, 22, 31, 92
吉見俊哉　72, 322
與那覇潤　244
予備校　89, 94, 120, 169
四大(よんだい)　88

ら　行

リアル・ワールド　50
リカレント教育　6, 11, 39, 42, 54, 59, 66, 302
立教セカンドステージ大学　312-13
立教大学　40, 312
リベラルアーツ　63, 319-21
リメディアル教育　66, 119-20
ロイター通信　24
『ローマの休日』　165
ロバーツ，アキ　222-24
ロボット　161, 256, 266-67, 275-77, 281-82, 319-20

わ　行

ワールドカップ　25-27, 31, 59, 252, 259
和文タイピスト　269-72

宮武久佳（みやたけ・ひさよし）

1957年大阪市生まれ。共同通信社記者・デスク（1984-2009年）、横浜国立大学留学生センター教授（国際戦略コーディネーターを兼務。2009-12年）を経て、現在、東京理科大学理学部（教養学科）教授。専門は知的財産論（著作権）、コミュニケーション論、メディア・ジャーナリズム論。

共同通信社在職中、IOC長野冬季オリンピック通信社（NAONA）「英語、フランス語、日本語チーム」デスク（1997-98年）、2002年FIFAワールドカップ日本組織委員会チーフ報道官（報道部長。2000-02年）などを歴任。

同志社大学（美学芸術学）卒業後、国際基督教大学大学院（比較文化研究科）修士を経て、一橋大学大学院（国際企業戦略研究科）修士（経営法）。

ハーバード大学ニーマン（ジャーナリズム）フェロー（Fellow, Nieman Foundation for Journalism at Harvard University. 1995-96年）。

著書に『知的財産と創造性』（みすず書房）、『正しいコピペのすすめ——模倣、創造、著作権と私たち』（岩波書店）、『わたしたちの英語——地球市民のコミュニケーション力』（青土社）など。

日本音楽著作権協会（JASRAC）理事（2010年から）。日本記者クラブ会員。

「社会人教授《しゃかいじんきょうじゅ》」の大学論《だいがくろん》

2020年8月25日　第1刷印刷
2020年9月10日　第1刷発行

著　者　宮武久佳《みやたけひさよし》

発行者　清水一人
発行所　青土社
〒101-0051　東京都千代田区神田神保町1-29　市瀬ビル
電話　03-3291-9831（編集部）　03-3294-7829（営業部）
振替　00190-7-192955

印　刷　双文社印刷
製　本　双文社印刷

装　幀　大倉真一郎

ISBN978-4-7917-7305-3　C0037